지금 이대로의 나를 사랑하게 되는 그림책 치유 카페

내 마음을
읽어주는
그림책

지금 이대로의 나를 사랑하게 되는 그림책 치유 카페

내 마음을
읽어주는
그림책

김영아
지음

사우

프롤로그

그림책, 나와 직면하는
강력한 도구

20년이 넘도록 상담을 해오며 참 많은 사람들을 만났다. 마음 한구석의 상처를 어찌할 줄 몰라서 모른 척 살다가 어디에든 그 아픔을 토로해야 할 것 같아 낯선 문을 두드린 사람들. 나는 그들이 참 대견하다. 그래서 첫 상담시간이면 내담자에게 항상 이런 말을 해준다.

"자신을 돌아보고 탐색하려는 의지를 가진 것만으로도 당신은 정말 괜찮은 사람이에요."

이렇게 이야기하면서도 속으로는 걱정이 앞선다. 상담은 시작했으나 적어도 2주 정도는 제대로 된 이야기를 듣기가 어렵다는 사실을 알기 때문이다.

어느 누구도 자신의 이야기를 쉽게 털어놓지 않는다. 어색하기도 하고 어디서부터 어떻게 이야기를 풀어야 할지 방법을 몰라서 그러기도 하지만, 대개는 스스로에 대해 제대로 알지 못해서다. 심리학, 특히 상담심리학에서는 'here & now'를 무척 중요시한다. 지금 여기에서 내가 무엇을 느끼고 원하는지 아는 것은 자아를 인식하는 첫걸음이다. 하지만 막상 그런 생각을 하면서 사는 사람은 많지 않다.

상담은 지금 여기에 있는 나를 시작으로 아무도 모르는 나, 하나뿐인 나를 찾아가는 과정이기도 하다. 그 과정은 그리 순탄치 않다. 첫날도 그렇지만 두 번째 상담도 핵심을 비켜간 이야기를 나누기 일쑤다. 자신의 마음을 있는 그대로 보고 다른 사람에게 그것을 보여주기까지 걸리는 시간은 저마다 다르다. 그동안 내담자들은 본인의 감정을 숨기거나 왜곡하고, 합리화하기도 한다.

중년이 되어도
부모로부터
분화되지 못한 사람들

왜 그토록 많은 사람들이 자신에 대해 알지 못할까? 가족치료로 유명한 심리학자 보웬Murray Bowen은 이를 '자아분화'라는 말로 설명한다. 자아분화란 생각과 감정을 구분하고, 타인과의 관계에서 자신을 분리시킬 수 있는 능력이다. 분화되지 못한 사람은 심리적으로 안정되어 있지 않으며 대인관계나 감정 조절에 미숙하다. 보웬은 특히 부모와 자녀 사이의 미분화를 지적하는데, 이는 우리 사회에서 자주 발견할 수 있는 현상이다.

부모의 바람 때문에 원하지도 않는 일을 억지로 하는 아들, 양육의 대가를 요구하는 부모의 과한 요구를 거절하지 못하는 딸, 아내가 괴로워하는데도 부모님의 요청을 거절하지 못해 잦은 본가 방문을 강요하는 남편….

결혼을 해서 새로운 가정을 이루었으면서도 정신적으로는 독립하지 못한 사람들을 참 많이 만났다. 고부갈등으로 인해 사이가 벌어진 중년 부부의 경우 주로 남편이 부모로부터 분화되지 못한 경우가 많다. 그도 그럴 것이 아들선호사상이 강한 시대에 유년기를 보냈기 때문이다. 당시 부모들은 딸보다 아들에게 더 많이 베풀었다. 그런 만큼 아들에게 기대하는 바가 더 크다. 아들 역시 자신을 끔찍이 키운 부모에게 보답해야 한다는 부담감이 막중하다.

한번은 부부 상담 중 입버릇처럼 "우리 엄마가 얼마나 고생했는데…."라고 말하는 남성 내담자를 본 적이 있다. 그는 자신의 어머니가 아내에게 유독 매정하게 대한다는 사실을 알고 있었다. 때로는 본인도 자신의 어머니를 이해하기 어려웠다. 직장에 다니는 아내가 제사와 김장은 물론 시댁의 온갖 대소

사에 불려가 일을 하는 것이 마음에 걸려 돕겠다고 나서본 적도 있다. 하지만 정색하는 어머니 때문에 그만두었다.

그는 가난한 형편에 자식들을 키우느라 갖은 고생을 한 어머니가 안쓰러워 어머니와 아내 사이에서 중심을 잡지 못했다. 게다가 시간이 갈수록 어머니의 눈으로 아내를 보게 되었다. '싹싹한 며느리는 못될망정 왜 저리 죽상인가', '한평생 고생만 하신 분인데 좀 잘해드리지' 하는 생각이 커져 결국 부부 사이마저 갈등이 깊어졌다. 새 가정을 이룬 뒤에는 현재 가족에 집중하며 관계 조율을 하는 게 맞다. 그런데 그는 원 가족과의 관계를 더 중요시했다. 원 가족이란 결혼을 해서 이룬 가족 이전에 함께한 '원래의 가족'을 의미한다. 그런 태도로 인해 부부 사이가 벌어질 대로 벌어지고 말았다.

30대 중반의 여성 역시 결혼하고 아이도 낳았지만 여전히 원 가족에서 분화되지 못한 상태였다. 내담자는 원 가족 중에서도 친정엄마와의 관계를 힘겨워했다.

그녀는 어린 시절 엄마의 말과 행동에 여러 번 상처를 받았다. 어른이 되어 엄마에게 털어놓은 적도 있지만, 엄마는 사과나 위로는커녕 불같이 화를 냈다고 한다.

"서희 엄마는 그런 기억이 없대요. 그리고 저를 무척 사랑하셨대요. 그런데 전 그 사랑을 받은 기억이 없어요."

부모는 자식을 아낌없이 사랑했다는데 정작 자녀는 자라면서 부모의 애정을 느끼지 못했단다. 한마디로 배달 사고가 난 셈이다. 내담자의 어머니는 '내가 너를 어떻게 키웠는데'라는 말로 딸을 옴짝달싹 못하게 했다. 실제로 자라는 동안 부족함 없이 뒷받침을 해주었기에 내담자는 엄마의 뜻을 거역하지 못했다. 그때껏 엄마가 배우라고 하는 것을 배웠고, 엄마가 원하는 진로를 택했으며, 엄마가 바라는 사윗감의 조건에 들어맞는 남자와 결혼했다. 육아에 대한 간섭도 심했다. 하지만 아이만큼은 엄마가 원하는 대로 키우고 싶지 않았다. 결국 친정엄마와 내적 갈등이 심해졌다. 친정엄마로 인해 남편과의 사이마저 틀어지자 결국 친정 식구들과 왕래하지 않기로 했다.

정서적 단절은 문제를 해결하는 대신 외면하는 방법이다. 그녀는 엄마와 부딪치기 싫고 무서워 도망친 것이다. 그러나 도망치는 것이 언제까지 가능할까? 외면한 문제는 언제든 다시금 커다란 벽이 되어 눈앞에 나타나기 마련이다.

내담자는 편안해지지 않았다. 그저 막막하기만 했다. 사는 동안 크고 작은 문제가 생길 때면 엄마가 대신 나서주었기에 무슨 일이든 혼자 힘으로 오롯이 감당하기 힘들었다. 그녀는 스스로 생각하고 판단하는 일에 익숙하지 않았다. 사고와 감정을 구분하지 못하는 까닭에 내가 어떤 일에 대한 생각을 물으면 좋았다, 슬펐다, 화가 났다, 이런 식으로 자신의 느낌만 이야기했다.

회피한 문제는
언젠가는 다시
나타난다

어른임에도 불구하고 사실은 아이와 같은 사람이 참 많다. 누구든 일정한 나이가 되면 부모에게서 정서적으로 독립하고 본인의 정체성을 찾아야 하는데, 부모의 욕심이나 사회 환경 때문에 그 과정이 소홀히 여겨지고 있다. 그러다보니 몸만 자라 '어쩌다 어른'이 된 사람들은 뒤늦게 좌충우돌하는 것이다.

우리는 모두 부모에게서 태어나고, 부모가 해준 음식을 먹고 자란다. 헌데 음식만이 아니라 엄마와 아빠가 버무려놓은 한 가정의 정서와 태도, 문제해결력 등 수많은 것을 함께 섭취한다. 심리학에서 가계도가 중요한 이유가 여기에 있다. 개인의 성격과 가치관이 형성되는 데 있어 가족관계가 굉장히 큰 영향을 끼치기 때문이다.

정현종 시인의 「방문객」이라는 시에는 이런 구절이 있다.

사람이 온다는 건
실은 어마어마한 일이다
그는
그의 과거와
현재와

그리고
그의 미래와 함께 오기 때문이다
한 사람의 일생이 오기 때문이다

저마다 자신의 원 가족으로부터 섭취한 것이 다르다. 심지어 사랑의 방식마저도 그렇다. 그러니까 한 사람과의 만남을 그냥 단순하게 해석해서는 안 된다. 누군가가 온다는 것은 그 사람의 어린 시절인 과거와 그 과거를 바탕으로 한 현재, 그리고 그 사람이 나아갈 미래까지 함께 오는 일임을 이 시는 분명하면서도 아름답게 표현하고 있다.

프로이트는 '섭취'라는 단어를 무척 중요시했다. 섭취는 취사선택이 불가능하다. 어린아이가 엄마의 행동 중 무언가가 싫다고 해서 "저건 배우지 않을 거야"라고 거부할 수는 없다. 자신도 모르게 이미 가족 구성원의 행동양식을 닮게 되는 셈이다. 원하지 않는 것까지 한꺼번에 섭취하다보니 때로는 소화가 되지 않는다. 그것은 마치 음식을 먹고 체했을 때처럼 가슴 속 어딘가에 걸려 있다가 살아가는 동안 종종 튀어나와 문제를 일으킨다.

자존감이 낮은 사람은 누군가가 말을 잘한다고 칭찬해줘도 '말만 내세운다는 뜻인가?' 하고 의심한다. 열등감이 심하면 누군가 자신을 무시한다는 생각이 들 때 분노에 빠지기도 한다. 거절을 두려워하는 사람은 자신의 의견을 피력하지 못하고 상대방의 말만 따르기에 타인과 진실하게 소통하기 어렵다. 그러다보니 부족하고 초라하고 자꾸만 움츠러드는 자기 자신이 미워진다.

수많은 사람들이 이처럼 심리적인 불안을 느낀다. 그 불안을 없애려고 무수한 방어기제를 작동시키며 살아간다. 회피나 합리화도 일종의 방어기제다. 살기 위해 잊거나 도망가거나 다른 이유를 붙이고 꾸며내기도 하는 것이다.

그림책의
놀라운
치유 효과

상담相談은 한자의 뜻 그대로 서로 말을 하여 풀어내는 일이다. 상담자와 내담자, 그리고 내담자가 안고 있는 심리적인 문제가 상담의 3요소다. 그런데 문제를 치유하고자 찾아오는 사람마저 자신의 문제를 제대로 보지 못하고 심지어는 보기를 원하지 않을 때가 많다. 결국 상담이란 내담자가 자기 자신을 보게 하는 일이라고 해도 과언이 아니다. '직면'이야말로 치유의 첫 단계라고 할 수 있다.

미술이나 음악을 매개로 한 치료는 객관화를 통해 내담자가 스스로를 직면하게 하는 방법이다. 본인의 문제를 바라볼 수 없다면 다른 이의 시선으로 그것을 바라보게 만드는 것이다. 예를 들어 그림은 마음을 투사한다. 선과 색 같은 표현 기법, 그림 속 사물의 형태를 통해 그림을 그린 사람의 문제를 들여다볼 수 있다. 내담자 또한 자신의 그림을 보면서 타인의 눈으로 자기 문제를 볼 수 있게 된다.

나는 오랜 시간 책을 상담에 활용해왔다. 책은 그저 읽는 것만으로 자신을 직면하게 해준다. 내담자는 책 속에 등장하는 인물과 자신을 동일시하며 감정을 이입하거나 그 인물이 처한 상황에 스스로를 대입하며 억눌린 감정을 분출한다. 이와 같은 카타르시스는 치유 과정에서 무척 중요하다. 그렇게 자기 안에 담긴 감정의 정체를 알아차리게 되는 것이다.

그러나 때로 현장에서 독서치유의 한계를 경험하기도 했다. 대부분 책 읽기는 그림책에서 시작해서 동화, 위인전, 문학, 인문과학, 사회과학 등으로 점점 범위가 넓어진다. 하지만 우리나라 학생들은 한창 독서의 영역을 확장시켜나갈 즈음 집에서나 학교에서나 "공부해"라는 말을 듣는다. 한동안 시험과 관계가 없는 책이랑은 담을 쌓는다. 글이 많은 책, 두꺼운 책을 읽지 못하는 성인이 생각보다 많은 것도 이런 까닭이다. 시간을 내서 독서를 하기에는 너무나 바쁘고 피곤한 사람이 많다는 점 또한 걸림돌이다.

상담뿐 아니라 독서치유 강연을 할 때도 책을 읽어 오지 않는 사람이 많아서 어떻게 해야 좋을까 한동안 고민했다. 그래서 생각해낸 것이 그림책이었다. 그림책을 통한 심리치유는 상상 이상으로 좋은 반응과 결과를 가져왔다.

그림에는 수많은 이야기가 담겨 있다. 긴 글로 설명해야 하는 내용을 단 한 컷으로 전달하는가 하면, 언어로 표현할 수 없는 것까지 보여준다. 유명한 동화작가 앤서니 브라운의 작품 『돼지책』의 표지 그림을 보면 엄마 한 사람이 남편과 아이 둘을 업고 있다. 아이들과 남편은 웃는 얼굴이지만 엄마의 표정은 어둡기만 하다. 그림만 봐도 엄마는 과도한 역할과 책임을 떠안고 있다는 것을 대번에 알아차릴 수 있다. 아내가 너무 많은 짐을 지고 있는데도 웃고만 있는 남편이 얄미워 보이기까지 한다.

『돼지책』
앤서니 브라운 지음·허은미 옮김/웅진주니어

우리는 언어 외에 다른 것으로도 많은 것을 알 수 있다. 내가 똑같이 아이 이름을 부르더라도 각각 톤과 억양, 그 순간의 표정 등에 따라 내 아이가 느끼는 감정은 달라진다. 그림에서 보이는 정서도 이와 같다. 언어를 넘어선 것이기에 더욱 빠르게 직관적으로 사람의 마음에 와 닿는다.

그림책은 다양한 감성을 키우고 사회성을 길러야 하는 아이들을 대상으로 하는 만큼 그 주제가 다양하다. 하지만 아이들을 위한 책이라고 해서 결코 내용이 가벼운 것은 아니다. 자존감, 외로움, 용기, 불안, 질투 등 모든 사람의 삶에서 내내 화두가 되는 것들을 다루기에 어른들에게도 큰 울림을 준다. 상담을 하는 사람의 입장에서는 참으로 양질의 재료다.

어쩌다 어른이 되었으나
마음은 미처 자라지 못한
이들에게

나는 그림책을 통해 자신을 직면하고 심리적 문제를 풀어가는 많은 내담자들을 보며 책을 집필하기로 마음먹었다. 많은 사람들이 안고 있는 심리적인 문제를 치유하는 데 도움이 되는 그림책을 소개하고, 관련 이론과 내가 만났던 내담자의 사례를 담았다. 편의상 내담자의 이름은 영문 이니셜로 표기했다.

또한 책을 읽는 데 그치지 말고 적극적으로 자기 자신을 직면할 수 있도록 하나의 이야기가 끝날 때마다 세 가지 발문을 추가하였다. 펜을 들고 직접 질문에 답하면서 자기 자신과 깊숙이 만나는 시간을 가져보기를 바란다. 책만 읽고 말 때보다 훨씬 변화가 클 것이다.

　이 책은 심리적 문제를 안고 있는 사람뿐 아니라 살아가는 동안 때때로 상처받고 아파하며 고민하는 우리 모두를 위한 것이다. 자신의 마음을 가만히 들여다보자. 혹여 분노나 설움 같은 것이 고여 있지는 않은가. 마음을 읽었다면 거기에 생각을 얹어보자. 감정과 사고를 분리하는 것이다. 이 감정이 어디로부터 온 것인지, 그 감정은 내게 어떤 영향을 미치며 어떻게 거기에서 벗어날 수 있을지. 이러한 과정을 통해 비로소 치유가 이루어진다.

　소화되지 못한 감정을 지닌 채 문제가 생길 때마다 이리저리 피하는 대신 그 문제를 뚫고 나가기 바란다. 온전히 선 사람은 자신의 신념에 따라 판단하고 행동하며, 다른 사람에게 휘둘리지 않으면서도 친밀한 관계를 유지할 수 있다. 어른이 되었지만 마음은 미처 자라지 못한 수많은 사람들이 온전히 자기 자신으로 사는 데 이 책이 조금이나마 도움이 된다면 정말 기쁘겠다.

여러모로 도움을 주신 사우출판사 문채원 대표, 서주희 편집자, 원고 집필에 힘을 보태준 그림책 심리성장연구소 연구원들, 부족한 수장을 믿고 한 목표를 향해 걸어가는 많은 제자들, 항상 곁에서 '나'로 설 수 있게 힘을 보태주는 사랑하는 '따듯한 위로' 님, 엄마의 사랑에 믿음으로 보답해 자기 삶에 의연하고 당당하게 주인으로 서가는 아이들에게 고마움을 전한다.

**2023년 가을에
김영아**

프롤로그 그림책, 나와 직면하는 강력한 도구   4

1장 토닥토닥 내 안의 내면아이 안아주기

내 안에 겁먹은 어린아이가 있다 _오래된 두려움의 근원   23
『빈집에 온 손님』

진짜 나로 살지 못한다면 100만 번을 산들 _정체성 찾기   32
『100만 번 산 고양이』

속마음을 표현하기 힘들 때 _이중수준 메시지   43
『알사탕』

하루라도 마음 편하게 살 수 있다면 _끝없는 불안과 걱정   53
『겁쟁이 빌리』

화를 주체할 수 없는 순간 _억압된 분노   63
『화가 난 아서』

정직하고 성실하게 살아온 게 억울하다면 _진실의 힘   74
『빈 화분』

나 자신이 한심해서 견딜 수가 없어요 _낮은 자존감   83
『너는 특별하단다』

2장 나를 더 아끼고 사랑하는 법

가장 들키기 싫은 나의 모습 _감춰놓은 수치심   97
『어느 작은 사건』

부족한 나를 인정하는 힘 _직면하는 용기   106
『블랙 독』

손 내밀지 못하는 사람의 슬픔 _혼자라는 외로움   115
『베로니카, 넌 혼자가 아니야』

이제 좀 그 생각에서 놓여나고 싶어요 _강박장애   125
『규칙이 있는 집』

외모에 대한 조금 다른 생각 _외모 콤플렉스   135
『짧은 귀 토끼』

누구도 무릎 꿇어서는 안 된다 _열등과 열등감   145
『깃털 없는 기러기 보르카』

3장 함께여서 더 어렵고, 함께여서 더 쉽다

우리는 저마다 다른 방식으로 말한다 _소통의 어려움   157
『안녕, 친구야』

세상이 내 존재를 거부하는 것 같을 때 _거절불안   168
『그 길에 세발이가 있었지』

누구도 아닌 어제의 나와 경쟁할 것 _내 속도대로 살 권리   178
『슈퍼 거북』

다들 잘사는 거 같은데 왜 나만 이 모양일까요 _타인의 시선   188
『우당탕탕, 할머니 귀가 커졌어요』

남과 나를 갉아먹는 감정 _미움과 질투   199
『질투가 나는 걸 어떡해!』

시선을 바꾸면 삶의 풍경이 달라진다 _관점의 차이   209
『늑대가 들려주는 아기돼지 삼형제 이야기』

가까운 사람과 잘 지내는 법 _너와 나의 안전거리   220
『두 사람』

1장

토닥토닥
내 안의
내면아이
안아주기

내 안에 겁먹은 어린아이가 있다

오래된 두려움의 근원

나는 공포영화를 보지 못한다. 혼자서는 물론이고 누군가 옆에 같이 있어도 볼 수가 없다. 텅 빈 집에 혼자 있을 땐 예전에 어딘가에서 본 무서운 장면들이 갑자기 떠올라 온몸에 소름이 돋곤 한다. 특히 비가 오는 밤에는 불을 환하게 켜두고 잠자리에 드는데, 어두울수록 유난히 크게 들리는 빗소리가 과거의 기억을 환기하는 탓이다. 비 오는 날이면 밀려드는 공포의 원인을 어렴풋이 알고는 있었으나 두려움을 느끼는 나를 다잡지는 못했다.『빈집에 온 손님』(황선미 글·김종도 그림/비룡소)이라는 그림책을 만나기 전까지는 말이다.

『빈집에 온 손님』은 어느 여우 남매의 이야기다. 엄마 아빠는 삼남매의 맏이인 금방울에게 동생들을 잘 돌보라고 당부한 뒤 할머니 댁에 간다. 갑자기 거센 비가 쏟아지고, 강가 빈집 앞에서 놀던 동생들이 없어진 것을 안 금방울은 허둥지둥 언덕 위의 집으로 달려간다. 동생인 은방울과 작은방울을 보고 안심한 것도 잠시, 덩치 큰 낯선 이가 쿵쿵 문을 두드리는 바람에 남매는 겁에 질려 떤다. 설상가상으로 빈집에 담요를 두고 온 막내는 잠을 이루지 못한다. 금방울은 칭얼거리는 작은방울을 업고 자장가를 불러준다.

내 마음을 흔든 장면은 바로 이 부분이었다. 겁에 질려 놀란 눈으로 서 있는 둘째 곁에서 막내를 업은 채 어떻게든 달래보려는 맏이 금방울의 모습. 그 그림을 마주했을 때 나는 갑작스레 떠오르는 오래 전 내 모습에 한동안 먹먹했다.

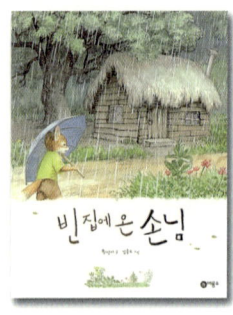

『빈집에 온 손님』
황선미 글·김종도 그림/비룡소

그림책에서 만난
여덟 살의
나

내가 여덟 살 되던 해. 당시 아버지의 실수로 우리 집은 말 그대로 쫄딱 망하고 말았다. 우리 가족은 너른 마당이 있는 집에서 구멍가게가 딸린 아주 조그만 집으로 이사를 해야 했다. 처자식을 고통 속에 몰아넣었다는 자책 때문인지 아버지는 스스로를 들볶다가 병을 얻었다. 지금 생각하면 심리적인 회피로 인한 병인 듯하다. 몸이 아프면 주변 사람은 물론 스스로도 자신을 원망할 수 없을 테니까. 병명은 늑막염이었다. 지금과 달리 40여 년 전에는 고치기가 쉽지 않은 병이었다.

엄마는 맏이인 내가 학교에서 돌아오길 기다렸다가 동생들과 가게를 내게 맡겨놓고 서울에 있는 큰 병원에 가곤 했다.

"영아야, 엄마는 아빠 약을 타러 가야 하니까 가게 좀 보고 있어. 우리 영아는 똑똑하니까 잘할 수 있지?"

나는 4남매의 맏이였고 동생들을 챙겨야 했다. 하지만 나도 너무나 어린 나이였다. 동생들을 보면서 가게를 지키는 것도 쉽지 않았지만, 무엇보다 나를 가장 힘들게 한 건 불안감이었다. 삼십대 초반의 엄마는 젊고 예뻤다. 병든 남편과 아직 어린 네 명의 자식들을 감당하기 어려울 만한 나이였다. 무엇을 알았다기보다는 그저 막연하게 올라오는 불안감이 확대되어 엄마가 돌아오지 않을 수도 있겠다는 생각을 했다.

    엄마가 이쯤이면 돌아와야 한다고 생각했던 내 마음속의 시간. 해질녘이 되면 초조함이 극에 달했다. 혹시나 내가 버려지는 게 아닐까 얼마나 조마조마했는지 모른다. 하지만 엄마는 잰걸음으로 어김없이 돌아오셨다. 그럼에도 나는 왜 그 불안이 가시지 않았던가? 엄마는 집으로 돌아오자마자 가게를 돌아보고 저녁밥을 준비하느라 바빴다. 엄마가 내게 "고생 많았지? 엄마 왔으니 걱정하지 마."라고 말해주었으면 좋았으련만. 엄마가 얼마나 정신이 없었을지 이해하지 못하는 것은 아니지만 바삐 움직이는 뒷모습을 보며 나는 늘 야속했다. 바쁜 엄마와 상관없이 내 가슴만 하염없이 요동을 쳤던 시간들이었다.

    비 오는 밤이면
    왜 그토록
    두려웠을까

    내가 기억하는 그날도 엄마는 약을 타 오기 위해 집을 비웠다. 언제부터인지 모르겠지만 큰 비가 내렸고, 밤이 되도록 엄마는 돌아오지 않았다. 나는 어찌할 줄을 모른 채 쏟아지는 비를 맞으며 온 동네를 돌아다녔다. 동네 어른들을 붙잡고 "아저씨, 우리 엄마가 안 와요!" "아줌마, 우리 엄마 좀 찾아주세요!" 하면서 울부짖었던 기억이 난다. 내가 정말 버려졌구나 싫었다. 그 와중에도 어린 동생들을 어떻게 돌봐야 하나 눈앞이 캄캄했다. 막내를 업은 채 울고 있는 동생들을 달래야 했다.

그날 엄마는 평소보다 두어 시간 늦게 돌아왔다. 비 때문에 단지 차를 제시간에 타지 못한 것뿐이었으나 두 시간 동안 내가 느낀 공포는 어마어마했다. 어린 시절에 확립한 대상항상성에 위협을 느꼈던 탓이다.

대상항상성은 미국의 정신분석학자 마가렛 말러Margaret Mahler가 언급한 개념이다. 말러는 아기가 자신을 엄마와 개별적인 존재로 인식해가는 과정을 분리개별화 이론으로 설명한다. 분리개별화는 크게 4단계로 나뉜다.

1단계는 분화 단계로, 아기가 세상에 대해 관심을 보이며 엄마와의 공생관계에서 벗어나는 단계이다. 2단계는 연습 단계로, 걸음마를 시작하는 시기가 이에 해당된다. 그다음은 재접근 단계. 엄마와의 공생관계에 머무르고 싶은 소망과 분리된 개인으로서 자율성을 얻고자 하는 소망 사이에서 갈등하는 시기이다. 이 시기 아이들은 엄마의 손을 뿌리치고 막 걸어가다가도 엄마가 그대로 있는지 확인하고 다시 제 갈 길을 간다. 그러한 과정을 반복하다 보면 엄마가 눈에 보이지 않아도 안심하게 된다. 이를 대상항상성 단계라고 한다. 대상에 대한 확고한 인식이 확립되었기에 엄마가 자기 눈앞에 없어도 존재하고 있음을 아는 것이다.

나는 그 단계를 한참 지난 나이였는데도 비를 맞으며 엄마를 찾아다녔다. 그날의 나는 엄마가 다시는 오지 않을 거라는 두려움에 시달렸다. 그 후로 내내 비 오는 밤마다 내가 느낀 감정의 근원에는 그 시절의 기억이 자리 잡고 있었다.

그래서일까.『빈집에 온 손님』을 처음 읽었을 때 금방울의 모습에서 여덟 살의 내가 보여 나는 눈물을 멈추지 못했다. 무섭고 난감하지만 동생들 앞에서 내색하지도 못하는 그 모습은 분명 그 옛날 내 모습과 꼭 닮아 있었다. 이후 나는『미영이』나『잠자리 편지』처럼 엄마와 떨어진 상황이 나오는 책을 읽을 때면 몹시도 흔들렸다.

차라리
펑펑 울기라도
했더라면

막내를 달래던 금방울은 결국 동생이 두고 온 담요를 찾으러 빈집으로 향한다. 담요가 없으면 작은방울이 잠을 이루지 못하기 때문이다.

담요는 작은방울의 중간대상이다. 아기는 엄마라는 대상과 분리되는 과정에서 중간대상을 갖는다. 원래의 대상인 엄마와는 다르지만 엄마의 특성을 가지고 있는 물건, 즉 엄마가 생각나는 냄새 혹은 느낌을 가지고 있는 물건으로 주로 담요나

곰인형이 이에 해당된다.

중간대상은 아기 입장에서 마치 사랑하는 엄마처럼 느껴진다. 엄마와 떨어져 세상으로 나가는 과정에서 오는 심리적인 저항감과 공포를 완화시키고 편안함을 주는 물건이기에 아기에게는 무척 중요하다.

작은방울에게 담요를 갖다 주겠다는 책임감 하나로 빗속을 뚫고 빈집까지 간 금방울은 낯선 덩치가 그 안에 있는 것을 보고는 집으로 도망쳐 오고 만다. 담요를 가져오려는 시도는 번번이 실패하고, 금방울이 여러 번 빈집을 왔다 갔다 하는 동안 비 오는 밤이 지나간다.

날이 밝은 후에야 금방울은 낯선 덩치의 실체를 확인한다. 낯선 덩치는 사실 전혀 두려워할 필요가 없는 존재였다는 사실을 깨닫자 두려움은 완전히 사라진다.

아! 나도 그렇게 씻은 듯 공포를 극복했다면 좋았을 걸…. 나는 마지막 장의 그림을 보고 또 한 번 눈물을 흘렸다. 빗속을 그토록 정신없이 뛰어다니던 그 밤, 뒤늦게 돌아온 엄마에게 안겨 "엄마, 나 너무 힘들었어! 엄마가 안 올까봐 무서웠어!" 외치며 펑펑 울었더라면. 그래서 나를 두고 아무데도 안 갈 거라는 엄마의 대답을 들었더라면. 그랬다면 나는 켜켜이 쌓여 가슴속에 응어리져 있던 두려움을 어느 정도 내려놓을 수도 있지 않았을까?

그로부터 많은 세월이 흘러 어른이 된 뒤 그때의 감정을 책에 풀어 놓은 적이 있다. 엄마는 딸이 쓴 책에서 이 부분을 읽으셨는지 어느 날 내 손을 잡고 이렇게 말씀하셨다. "네 마음이 어땠는지 책 보니까 알겠네. 내가 이 책 다 읽고 나서 엄마 마음을 담아 편지 쓸게." 엄마는 먹고사느라고 바빠 딸의 상처까지 돌봐줄 여유가 없었던 과거를 미안해하셨고, 나는 소화되지 않은 채 가슴 한구석에 얹혀 있던 감정을 풀어냈다.

동생들과 함께 버려진 것 같은 처참한 기분은 이제 내 마음에 남아 있지 않다. 그럼에도 불구하고 비가 세차게 쏟아지는 밤이면 엉엉 울며 엄마를 찾아다니던 서러움이 문득문득 목구멍을 타고 올라와 눈시울이 붉어지고 만다.

동생을 업고 있는 금방울을 보았을 때 나는 옛날로 돌아가 여덟 살 김영아를 만났다. 동생을 달래면서도 속으로는 콩닥콩닥 뛰는 가슴을 어찌하지 못했던 그 아이를 바라보았다. 너도 무서웠을 거라고 말해주었다. 동생들을 챙기고 있지만 너도 어린 나이였잖아, 라고 토닥였다. 그것은 내가 그림책을 읽으며 얻은 가장 최초의 위로이자 따뜻한 치유였다.

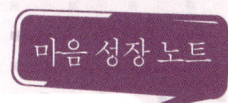

1) 내가 두려워하는 것은 무엇인지 적어보자.

2) 적은 내용 중에 '이 정도는 두려운 것이 아니야' 하는 생각이 드는 것을 지워보자.

3) 지우고 남은 것에 대해, 그 두려움의 근원은 무엇인지 생각해보자.

함께 읽으면 좋은 책

『**침대 밑 악어**』(마리아순 란다 글·아르날 바에스테르 그림/책씨)
『**그날, 어둠이 찾아왔어**』(레모니 스니켓 글·존 클라센 그림/문학동네어린이)
『**색깔 손님**』(안트예 담 글·그림/한울림어린이)

진짜 나로
살지 못한다면
100만 번을 산들

정체성 찾기

사회학자 해비거스트R. Havighurst는 모든 인간이 살면서 반드시 해내야 할 일들이 있다고 말했다. 그는 이를 발달과업이라고 칭했는데, 과업이라 함은 과제이자 임무와도 같다는 뜻이다. 그렇다면 발달發達은 무엇일까? 몸과 마음의 성장, 기술이나 문명의 발전을 뜻하기도 하지만 동양에서는 이를 조금 더 넓은 의미로 이해한다. 발달이라는 단어는 한자로 필 발, 다다를 달 자를 쓴다. 피어나서 다다른다는 것이다.

처음 세상으로 나온 아기는 엉덩이를 두세 차례 맞으며 울음을 터뜨린다. 우렁찬 울음소리와 함께 아기의 폐 속에 순식간에 공기가 들어차고, 엄마 배 속에 있을 때는 쓸 일이 없었던 폐포가 활짝 펴지며 풍선처럼 부풀어 오른다. 이것이 바로 한 인간의 생이 시작되는 순간이다. 이렇게 시작된 인생은 죽음에 다다르면 끝이 난다. 발달이란 곧 탄생부터 죽음까지를 의미하는 셈이다.

세상에 태어난 아기에게 주어진 첫 과업은 호흡이다. 숨을 쉬지 못하면 죽게 되듯 생의 각 단계에서 사람은 신체와 정신 모든 면에서 발달과업을 달성하며 자라야 환경에 적응해 살아갈 수 있다. 영유아기에는 걷는 방법과 언어를 배우고, 아동기에는 또래들과 어울리면서 사회성을 익히며, 청년기에는 정서적인 독립과 함께 사회적 책임을 인식하는 것이 해비거스트가 말하는 발달과업의 핵심이다.

주어진 발달과업을 제때 성취하지 못하면 그다음 과업을 수행하기도 곤란해진다. 예를 들어 말을 배우지 못하면 기본 지식을 쌓기가 어렵고, 부모와의 정서적 관계가 제대로 정립되지 않으면 또래와의 관계 맺기가 수월하지 않다. 따라서 연령에 맞는 발달과업을 소화하는 일은 무척이나 중요하다.

당신은
당신 자신으로
살고 있는가

정신분석학자인 에릭슨Erik Erikson은 심리사회적인 면에서 인간의 발달 과정을 여덟 단계로 분류했다. 1단계는 영아기로, 아기가 세상에 대한 신뢰 관계를 수립하는 시기이며, 2단계 유아기는 자신의 의지와 통제력을 키우는 시기다. 그런가 하면 3단계에서는 주도적인 생활을 추구하게 되는데, 아이들이 서툴러도 무엇이든 자기가 하겠다고 하는 시기가 여기에 해당한다. 그다음 단계에 들어서면 아이들은 사회성을 키워가면서 꾸준한 학습을 통해 근면성을 갈고닦을 수 있다.

5단계 청소년기는 흔히 말하는 사춘기다. 혼란과 정체감이 공존하는 이때 자아정체성을 확립해야 성인이 된 뒤에도 타인과 친밀함을 유지할 수 있다. 6단계인 성년 초기와 7단계인 중년기, 마지막 노년기까지의 발달과업도 물론 중요하지만, 에릭슨은 청소년기야말로 특수 발달 과제가 생기는 시기임을 강조했다. 청소년기의 인간은 스스로 자신에 대한 물음을 던지고 내가 누구이며 어떠한 역할을 하고 있는가 고심한다. 앞에 놓인 수많은 가능성을 인식하는 동시에 그 가능성에 압도당해 아무것도 결정하지 못한 채 혼돈에 빠지기도 한다. 이는 모두 자신을 찾아가는 과정이다. 그 과정은 고통스러울 수도 있으나 자신을 알아야 어떻게 살 것인지를 통찰하고 결정할 수 있는 법이다.

특히 우리 사회는 자아정체성을 확립해야 하는 청소년기 아이들을 입시라는 거대한 목표를 구실로 학업에만 죽어라고 내몰고 있으니 다 자란 성인들도 자아정체감이 취약할 수밖에 없다. 아무리 좋은 대학에 가고 좋은 직업을 갖게 된들 스스로에 대해 알지 못하면 자기다운 삶을 살기 어렵다.

못난 나와
잘난 나
통합하기

내가 강의를 할 때 자주 인용하는 시가 몇 편 있다. 김광규 시인의 「나」라는 시도 그중 하나다. 그 시에서 화자는 '나'에 대해 죽 써내려간다. 나는 나의 아버지의 아들이고, 나의 형의 동생이고, 나의 아내의 남편이고, 나의 의사의 환자이고, 나의 개의 주인이고…. 그런 다음 화자는 그와 같은 역할의 주체가 아닌 오직 하나뿐인 '나'를 찾고자 한다. 특히 '지금 여기'에 존재하는 내가 누구인지 묻는 마지막 연은 심리학에서 기본이 되는 'here & now'의 개념과도 맞닿아 있다.

자아정체성으로 고민하는 내담자들에게 나는 이 시를 들려주고, 『난 곰인 채로 있고 싶은데…』(슈타이너 글·뮐러 그림/비룡소)

와 『100만 번 산 고양이』(사노 요코 글·그림/비룡소)라는 그림책을 함께 추천한다. 여기에서는 동화작가 사노 요코의 작품 『100만 번 산 고양이』에 대해 이야기해보려 한다.

이 그림책에는 백만 번이나 죽었다가 다시 살아난 고양이가 등장한다. 고양이는 한때는 임금님의, 한때는 뱃사공의, 또 한때는 마술사의 고양이였다. 도둑과 할머니, 어린 소녀 등 수없이 많은 사람이 고양이를 길렀으며, 고양이가 죽을 때마다 눈물을 흘렸다. 그러나 정작 고양이는 단 한 번도 울지 않는다.

이 시기의 고양이는 바로 '누구의 나'이다. 아무리 사랑받는다 한들 누군가의 고양이로 사는 것은 고양이 입장에서 봤을 때 '나'로 사는 게 아니다. 존재의 의미를 찾지 못하는 고양이는 죽는 것 따위는 아무렇지도 않다고 여길 정도로 무료한 삶을 살고, 또 죽기를 반복한다.

그러다가 드디어 고양이는 '자기만의 고양이'가 된다. 누구에게도 종속되지 않은 '나' 자체를 바라볼 수 있게 된 것이

『100만 번 산 고양이』
사노 요코 글·그림/비룡소

다. 아무도 좋아하지 않았던 고양이는 이제 스스로를 무척이나 좋아하게 된다. 이제는 암고양이들이 주는 선물에도 흥미를 느끼지 않는다. 오직 멋진 얼룩무늬를 가진 자신, 백만 번이나 죽어본 자신을 뽐내기만 한다.

고양이가 자아정체감에 한 번 더 변화를 겪는 건 하얀 고양이를 만나면서부터다. 백만 번이나 죽어봤다고 자랑해도, 서커스단에 있었을 때 배운 공중 돌기를 보여줘도 하얀 고양이는 별 반응이 없다. 그런 하얀 고양이 앞에서 고양이는 관계에 서툰 자기 자신을 본다. 그제야 스스로를 직면하게 된다.

직면이란 자기의 그림자를 보는 것과 같다. '나'에게 잘난 부분만 있는 것이 아니라 나약하고 부족하고 수치스러운 면도 있음을 인식하는 것이다. 빛나기만 하는 사람은 세상에 없다. 그림자가 없다면 그는 사람이 아니라 신이거나 혹은 죽은 사람일 것이다. 자아정체성은 자기가 보는 '나', 어쩌면 자기가 보고 싶은 '나'와 남이 보는 '나'를 통합해 받아들이면서 형성된다.

고양이는 백만 번이나 죽어봤다는 말을 다시는 꺼내지 않는다. 대신 하얀 고양이에게 곁에 있어도 되느냐고 묻는다. 두 고양이는 많은 새끼를 낳고 나이가 들어서도 함께한다. 하얀 고양이가 세상을 떠났을 때 고양이는 처음으로 운다. 밤낮으로 소리 내어 울다가 하얀 고양이 곁에서 조용히 죽음을 맞이한다. 진짜 자기 자신의 모습으로 살게 됨으로 인해 다른 누군가를 향한 공감과 사랑이 가능해졌으며, 삶을 소중하게, 죽음은 편안하게 받아들일 수 있었던 것이다.

"그러고는 두 번 다시 되살아나지 않았습니다"라는 마지막 문장을 읽을 때마다 가슴이 뭉클하다. 몇 번을 봐도 감동이 사그라들지 않는, 오히려 읽으면 읽을수록 더욱 가슴을 울리는 책이 아닌가 싶다.

'누구의 나'가 아닌 '자기만의 나'로 살기

책 속의 고양이는 '누구의 나'에서 '자기만의 나'로, 그리고 '직면하는 나'를 거쳐 드디어 '편안한 나'가 된다. 나는 어른이 되어서도 스스로를 '누구의 나'로밖에 인식하지 못하는 사람들을 여럿 보았다. 그들은 부모를 비롯해 주변 사람의 시선으로 자신을 보고, 그들의 말로 스스로를 규정하는 유아기에서 크게 벗어나지 못한 상태다. 타인에게 의존하는 경향이 강하다 보니 막상 자기 삶을 어떻게 살아가야 할지 모른다. 자기가 어떤 사람인지 몰라서 인생 목표는 물론이거니와 눈앞에 닥친 일도 능동적으로 결정하고 추진하기 힘들어한다. 청소년기의 발달과업을 제대로 달성하지 못하고 뒤늦게 정체성에 혼란을 겪고 있는 것이다.

이런 사람일수록 타인의 평가에 신경 쓰고 정작 자신이 무엇을 원하는지도 모른 채 다른 사람의 기대를 충족하기에 급급하다. 그러다보면 의문이 생긴다. 나는 과연 행복한가?

이런 의문이 마음속에서 올라올 때 먼저 해야 할 일이 있다. 행복해지는 방법을 찾는 것이 중요한 게 아니다. '나는 누구인가?' 이 질문을 붙잡고 고민해야 한다.

한때 유명 아역배우였던 여성이 힘들었던 과거를 고백해 화제가 된 적이 있다. 그녀는 어릴 적 시청률이 무척 높은 드라마에 개성 강한 캐릭터로 출연해 전 국민의 사랑을 받았다. 모두가 그녀를 드라마 속 이름으로 불렀다. 그녀가 더 이상 텔레비전에 출연하지 않았던 청소년기에도 이런 상황이 이어졌다. 순식간에 사라진 대중의 관심과 또래의 놀림 속에서 그녀는 극심한 우울증과 자살충동에 시달렸다. 아역 시절의 이미지를 벗고 성인 연기자로 거듭나고자 했지만 쉽지 않았던 모양이다. 그녀의 심리적 불안은 전형적인 정체성 혼란에서 기인한다.

"난 누구? 여긴 어디?"라는 우스갯소리가 있다. 흔히들 정신이 없는 상황에서 하는 우스갯소리지만 심각하게 이를 자문하는 내담자들이 많다. 나는 그런 사람들에게 자신의 장단점부터 좋아하는 색깔, 음식, 책, 영화, 취미와 특기 등 소소한 것들을 모두 적어보라고 권한다. 가볍게 시작하는 연습인데도 불구하고 생각보다 많은 사람들이 이런저런 항목에서 망설인다. 몇 십 년을 살아오면서도 그런 것에 대해 생각조차 해보지 않은 탓이다. 본인을 가운데 두고 마인드맵을 그리듯 나의 내면, 다른 사람과 구분되는 특성, 나와 관계있는 사람, 내게 주어진 역할 등을 적어보는 것도 괜찮다.

가까운 사람에게 자신에 대해 물어보거나 성격과 적성 등을 확인할 수 있는 객관적인 검사를 해보는 것도 좋다. 앞서 말했다시피 자기가 보는 '나'의 모습은 일부이고, 통합된 나를 알려면 자신이 보지 못하는 '나'에 대해서도 알아보는 노력이 필요하다.

우리는 생각보다 스스로에 대해 아는 게 많지 않다. 무엇을 잘하는지, 무엇을 할 때 가장 즐거운지 알지도 못한 채 직업을 택하는가 하면, 추구하고자 하는 것도 없이 돈을 모으거나 명예를 얻기 위해 기를 쓰기도 한다. 나는 그런 사람들을 볼 때마다 아슬아슬한 느낌이다. 그런 것들은 하루아침에 사라질 수도 있는 탓이다.

자아정체성을 확립하는 시기는 청소년기라고 하지만, 사실 사람은 살아가는 동안 내내 개인적 측면과 사회적 측면에서 스스로를 바라보고 점검해야 한다.

언젠가 오랜 친구를 만나 고충을 토로한 적이 있다. 당시 나는 우연히 사업체 대표 자리에 앉게 되었는데 일하는 과정에서 예상하지 못했던 사건들이 터져 무척 당황하고 힘든 상황이었다.

그때 친구가 "네가 제일 잘하는 게 뭐야?"라는 질문으로 내 정곡을 찔렀다. 내가 하고자 하는 일을 세 가지 단어로 말해보라고 했다. 그 친구와 이야기하면서 나는 내가 사람을 만나 상담하는 것을 기꺼워하고 있으며, 책으로 사람을 치유하는 콘텐츠를 오랜 기간 쌓아왔고, 그렇게 쌓아둔 걸 세상에 꺼내기만 하면 된다는 사실을 깨달았다. 큰 빛줄기가 내게 쏟아지는 것처럼 고민이 해소되면서 가슴이 후련해졌다. 동시에 왜 그 생각을 떠올리지 못했을까 부끄럽기도 했다. '나'의 내면과 강점, 가치관을 다시금 확인했을 뿐인데 답답했던 문제들이 의외로 수월하게 풀리기 시작했다.

살아갈수록 점점 더 정체성의 확립이 중요하다는 사실을 여실히 느낀다. 정체성 없이 살아간다면 100만 번을 되풀이해도 무의미한 것이 인간의 삶 아닐는지. 내가 나로서 살아갈 때 비로소 삶은 진정한 웃음과 눈물, 그리고 행복을 가져다준다.

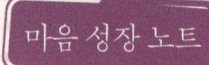

1) 당신은 '누구의 나' '자신만의 나' '직면하는 나' '편안한 나' 중에 어느 단계에 있다고 생각하는가.

2) 누군가에게 관심을 받고 싶을 때 당신이 주로 사용하는 방법은 무엇인가.

3) '나는 ○○○다'라고 자신의 정체성을 담은 문장을 15개 정도 써보자.

함께 읽으면 좋은 책

『빨간 머리핀』(청웨이 저/보림)
『그 아이가 바로 나야』(유디 아틀라스 글·다니 케르만 그림/포이에마)
『행복한 사자』(루이제 파쇼 글·루이제 뒤봐젱 그림/시공주니어)

속마음을
표현하기
힘들 때

이중수준 메시지

얼마 전 강연을 위해 차를 몰고 한 기업체로 향하다가 앞 유리창 위로 떨어진 빨간 단풍잎에 새삼 놀랐던 기억이 난다. 계절이 언제 이렇게 바뀌었는지…. 바람에 찬 기운이 들었음을 느끼자마자 세상 모든 존재가 겨울을 향해 내달리는 듯하다.

그날 나는 대기업 사원들을 대상으로 강의를 진행하다가 청중 한 분을 지목해 이렇게 물었다.

"아내가 끓여준 된장찌개랑 어머니가 끓여준 된장찌개 중

뭐가 더 맛있어요?"

그분은 차장급으로 보이는 중년 남성이었는데 "어머니가 끓여준 게 맛있었죠. 그런데 지금은 아내가 끓여준 게 더 맛있습니다."라고 대답했다. 내가 우문현답이라며 웃었더니 그 다음에 진짜 현답이 나왔다.

"그래야 아내한테 계속 된장찌개를 얻어먹죠!"

그분의 대답에 나를 비롯해 좌중이 모두 폭소했다. 그는 사뭇 진지한 표정으로 말을 이어갔다. 사연인즉슨, 사실 아내의 찌개가 맛이 없을 때도 있지만 연신 맛있다고 해야 하니 가끔은 거짓말을 하는 게 찔린다는 것이었다. 또다시 웃음소리가 들렸다.

나는 그분의 말을 이어받아 누구나 속 이야기를 다 하고 살지 못하는 현실에 대해 이야기하기 시작했다. 물론 반드시 마음의 소리에 따라 살아야 하는 것은 아니다. 요즘 나오는 많은 심리학 서적에서는 자신의 마음에 귀를 기울이고, 마음이 시키는 대로 하라고 제안하지만 사람과 부대끼며 살아가야 하는 세상에서 어찌 그렇게만 할 수 있으랴. 내 마음뿐 아니라 타인의 마음도 다치지 않는 선을 찾아야 하지 않을까.

아내를 위해 거짓말을 할 때가 있다던 남성은 내 이야기를 듣더니 "그럼 아내한테 당신이 끓인 된장찌개가 맛있다고 말한 건 잘한 거네요."라며 입장을 정리했다. 그렇다. 그의 말이 사실은 아닐지언정 말하는 당사자와 그 말을 들은 아내가 만족한다면 나쁠 게 없다. 게다가 어머니는 그 자리에 없으니 기분 나쁜 사람도 없는 셈이다.

문제는 자기감정을 자꾸만 억압하며 그로 인해 상처를 입는 경우다. 살다보면 싫어도 싫다고 말하지 못하고, 좋아도 좋다고 말하기 힘든 상황이 있다. 어떤 이유에서든 상대가 원하는 대답만을 하다보면 어느덧 자신의 마음을 표현하는 데 어려움을 겪게 된다.

나는 왜 내가
먹고 싶은 음식도
말하지 못하는 걸까

올해 봄에 상담했던 사회초년생 L은 사소한 것도 거절하지 못하는 사람이었다. 심지어 직장동료들이 점심시간에 본인이 먹지 못하는 음식을 먹으러 가자고 해도 "난 그거 못 먹어."라는 말을 하지 못했다. 어쩔 수 없이 따라가서는 밥만 꾸역꾸역 먹는다고 한다. 눈치 빠른 사람이 이유를 물으면 속이 안 좋다거나 입맛이 없다는 핑계를 댔다. 매사에 그런 식이니 말은 못해도 때로는 L의 표정이나 행동에 불편한 기색이 드러났고, 동료들은 그녀를 편하게 대하지 못했다. L이 무슨 말을 하든지 '말만 저럴 뿐 속마음은 다른 게 아닐까?' 하고 의심하게 된 것이다.

L은 오랜 시간 만난 남자친구에게도 자기감정을 다 이야기하지 못했다. 화가 나도 화를 내지 않으니 다툼은 별로 없었지만 L의 마음에는 불만이 쌓였다. 둘의 사이는 위태로웠고, 남자친구는 L이 힘들어하는 까닭조차 몰라 답답해하는 상태였다.

심리학자 사티어는 이를 이중수준 메시지라고 칭한다. 이중수준 메시지란 말이나 목소리, 표정 등으로 드러나는 표현이 서로 모순되는 경우를 말한다. 예를 들어, 친구들과 여행을 가는 남자친구에게 "재밌게 놀다 와."라고 하는 여성이 있다고 하자. 그런데 그녀의 표정이 무척 어둡고 화가 난 듯한 목소리라면 이는 이중수준 메시지다. 자녀에게 공부하라고 다그쳐 놓고 텔레비전을 크게 틀어놓아 공부를 방해하는 부모의 행동도 이중수준 메시지라고 할 수 있다. L의 직장동료들이 그랬듯 이중수준 메시지를 받는 사람은 무엇이 상대의 진짜 마음인지 몰라 당황하고 헷갈리게 된다.

사티어는 이중수준 메시지가 일어나는 원인에 대해 몇 가지를 제시한다. 낮은 자존감으로 자신이 나쁜 사람이라고 생각할 때, 다른 사람의 기분을 상하게 하거나 다른 사람에게 강요하기 싫어할 때, 다른 사람과의 관계가 깨질까봐 걱정할 때 등이다. L은 자기가 다른 의견을 내놓으면 사람들이 싫어하거나 관계가 안 좋아질까봐 두려워했다. 그러나 타인에게 맞추기 위한 그녀의 행동이 오히려 주변 사람들과의 관계를 악화시키고 있었다.

우리 사회는 모두가 '예'라고 할 때 '아니오'라고 말하는 사람을 그다지 좋아하지 않는다. 튀는 행위는 배척하고, 솔직하게 말하면 당돌하다거나 건방지다고 평하는 분위기다. 특히 여성들 중에 어린 시절부터 마치 수동적이고 수용적인 태도가 미덕인 양 교육받아 L처럼 자란 사람이 많다. 자기주장을 좀 할라 치면 기가 센 여자라고 수군대는 일이 이 시대에도 일어나고 있다.

이런 사회에서 사람들은 자신을 표현하는 데 점점 서툴러지고 자칫 상처를 받을까 입을 다문다. 입과 함께 닫힌 마음의 문은 쉽사리 열리지 않고, 연인이나 동료들과 눈치싸움을 한다. 상처받지 않으려고 서로의 마음을 재는 것이다. 그러다가 지치면 친근한 관계를 아예 포기해버린다. 많은 사람을 만나지만 심리적으로는 단절된 생활을 하는 이들이 얼마나 많은지 모른다. 그래서 오늘날 우리는 참 외롭다.

차라리
혼자가
속 편하다?

그림책 『알사탕』(백희나 글·그림/책읽는곰)에 등장하는 동동이도 외로운 아이다. 친구들과 저만치 떨어져 놀이터 구석에서 혼자 구슬치기를 하는 아이. 동동이는 사실 친구들과 놀고 싶

『알사탕』
백희나 글·그림/책읽는곰

지만, 다른 아이들은 구슬치기의 재미를 모른다며 혼자 놀기로 한다. 친구들이 끼워주지 않으면 괜히 상처를 받을까봐 그런 변명을 하는 것이다. 그런 동동이의 곁에 있는 건 늙은 개 구슬이뿐이다.

　새 구슬을 사기 위해 동네 문구점을 찾은 동동이는 알사탕 한 봉지를 산다. 집에 와서 알사탕 하나를 골라 입에 넣었는데, 이게 웬걸! 갑자기 소파에서 이상한 소리가 들리기 시작한다. 소파는 동동이에게 이런저런 하소연을 한다. 옆구리에 리모컨이 끼어 있어 결린다느니 너희 아빠 방귀 냄새 때문에 숨쉬기 힘들다느니…. 소파가 하는 말에 빙그레 웃음이 나온다.

　사탕이 녹아 없어지자 함께 사라지는 목소리. 점박이 무늬 사탕을 먹으니 이번에는 점박이 무늬를 가진 구슬이가 말을 건다. 동동이는 알사탕이 주변에 있는 누군가의 마음속 목소리를 들려준다는 사실을 알게 된다.

끝없는 잔소리를 늘어놓고 무뚝뚝한 표정으로 설거지를 하는 아빠의 마음속에서 "사랑해"라는 말이 물결처럼 넘쳐 동동이에게로 흘러오는가 하면, 풍선껌이 든 알사탕은 돌아가신 할머니 목소리를 들려주기도 한다. 할머니와 언제든 다시 이야기를 나누기 위해 식탁 밑에 껌을 붙여두는 동동이의 모습에서 독자들은 그 아이의 외로움을 이해할 수 있다. 엄마의 부재, 그리고 엄마와도 같았을 할머니마저 떠난 상황에서 아이는 얼마나 쓸쓸했을지. 책을 펼치자마자 보이는 나무 그림자와 그 밑에 덩그러니 놓인 구슬들이 마치 동동이의 허전한 마음 같아 나는 이 책을 볼 때마다 괜스레 눈이 시리다.

하지만 아빠를 뒤에서 꼭 안고 "나도…"라고 말하는 장면에서 조금씩 열리는 동동이의 마음이 보인다. 특히 내가 좋아하는 부분은 소란스럽게 인사를 건네며 흩날리는 나뭇잎들 사이에서 동동이가 행복한 얼굴로 서 있는 그림이다. 그 순간의 세상은 어쩜 그렇게도 밝고 화사한지. 실은 세상의 수많은 존재가 자신에게 말을 걸고 있었음을 그 외로운 아이도 깨달았으리라.

나뭇잎 뒤로 희미하게 보이는 친구에게 동동이는 드디어 "나랑 같이 놀래?"라고 먼저 말을 건다. 동동이가 마음속 깊이 가두어두었던 말을 꺼낸 것이다. 책의 뒤표지에는 스케이트보드와 킥보드가 나란히 놓여 있다. 동동이와 친구가 신나게 놀고 있나 보다. 글로 일일이 설명하지 않아도 이처럼 정확하고 깊숙이 전해지는 여운과 행복감은 그림책의 묘미이자 백희나 작가의 내공이다. 내가 이 책을 좋아하는 이유이기도 하다.

> 남들
> 마음에 들려고
> 애쓰지 말것

우리는 『알사탕』에서 이중수준 메시지를 발견할 수 있다. 처음에 동동이는 친구들과 놀고 싶으면서도 같이 놀자고 이야기하지 못한다. 함께 어울리고 싶은 자기감정을 억제한 채 친구들은 구슬치기의 재미를 모른다는 말로 자신이 혼자인 상황을 합리화한다. 그랬던 동동이가 신기한 알사탕 덕분에 다른 이들의 속마음을 듣는다. 그동안 미처 몰랐던 소파와 구슬이의 사정을 알게 되고, 아빠의 진심에 감동한다.

동동이는 그제야 느끼게 된다. 속마음은 표현하지 않으면 상대에게 닿을 수 없다는 사실을. 어쩌면 친구들은 늘 혼자서 구슬만 가지고 노는 동동이가 자기들을 싫어한다고 생각했을지 모른다. 진즉 같이 놀자고 했다면 금세 친해졌을 텐데….

내담자 L 역시 동료들과 잘 지내고 싶다면 그들의 마음에 드는 대답을 하려고 애쓰기보다 자신의 속마음을 표현하는 편이 나았을 것이다. 상담 이후 그녀는 다른 사람에게 무엇이든 제안하는 연습을 했다. 그러면서 자기 생각을 표현하는 일이 곧 상대에게 무언가를 강요하거나 부담을 주는 것이 아니라는 사실을 차츰 깨달아갔다.

내 마음에 악의가 없고 상대를 최대한 배려했음에도 상대가 그 뜻을 오해한다면 그건 내 선에서 해결할 수 있는 문제가 아니다. 나 또한 그런 일로 곤란을 겪은 적이 있다. 내 마음이 제대로 전해지지 않아서, 상대의 마음을 전부 헤아리지 못해서 주고받는 상처들이 종종 나를 아프게 한다. 나는 진심을 전하려고 애쓰지만, 그 진심을 몰라주는 사람들이 있다. 더욱이 자신의 진심을 숨기고 전혀 다른 말을 하는 사람들도 있다. 사람 보는 눈이 어느 정도 생겼다는 생각이 들 즈음, 마치 그 생각을 비웃기라도 하듯 예상하지 못했던 일이 터지곤 하니 아직도 공부를 더 많이 해야 하나 보다.

그러나 그때마다 마음에 빗장을 건다면 어느 누구와 진심을 나눌 수 있겠는가. 여전히 나에게 따스하게 스며드는 사람들이 많기에 나는 또 겁 없이 타인에게 다가간다. 그들의 마음도 나와 다르지 않기를 간절히 바라면서….

환한 햇살 속에서 우수수 떨어지는 나뭇잎들을 볼 때마다 희미한 미소가 어린 동동이의 모습이 떠오르곤 한다. 동동이가 먹었던 그 알사탕, 속마음을 전하며 서로의 거리를 좁혀주는 그런 알사탕이 우리에게도 있으면 좋으련만. 문득 아이 같은 생각이 드는 요즘이다.

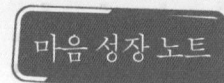

1) 내 속마음을 감추고 맘에도 없는 말을 하고 나면 어떤 느낌이 드는가.

2) 당신에게 알사탕이 있다면 당신은 누구의 속마음을 가장 알고 싶은가.

3) 맘에도 없는 말을 계속하는 자신에게 해주고 싶은 말은 무엇인가.

함께 읽으면 좋은 책

『줄어드는 아이 트리혼』(플로랜스 패리 하이드 글·에드워드 고리 그림/논장)
『착한 아이 사탕이』(강밀아 글·최덕규 그림/글로연)
『모르는 척 공주』(최숙희 글·그림/책읽는곰)

하루라도
마음 편하게
살 수 있다면

끝없는 불안과 걱정

인간은 태생적으로 불안한 존재다. 세상으로 나오기 전 태아에게 완벽한 환경은 엄마의 배 속이며, 가장 편안한 장소 또한 그곳이다. 따라서 자궁을 벗어나 좁은 산도에 들어서는 순간 태아는 편안하지 않은 상태, 즉 불안한 상태가 된다. 마침내 맞닥뜨린 세상은 울음과 함께 시작되는 최초의 호흡만큼이나 낯설다. 그러니까 불안은 인간이 느끼는 최초의 감정인 셈이다. 최초의 감정이자 사는 동안 자주 느끼는 감정. 그것이 바로 불안이다.

불안이라는 감정이 자연스럽듯 사람은 불안不安에서 안安으로 향하고자 하는 당연한 욕구를 가지고 있다. 불안한 마음으로 살고자 하는 사람은 없기 때문이다. 크고 작은 불안을 떨쳐내기 위해 우리는 끊임없이 무언가를 한다.

출근 시간이 9시인데 어느 날 8시 반에 눈을 떴다고 가정해보자. 이미 제시간에 도착하기는 틀린 상황이다. 그럴 때 우리의 마음상태는 불안하고, 불안에서 벗어나 편안해지기 위한 방법을 찾는다. 가장 평범하고 무난한 방법은 상사에게 전화를 걸어 그럴듯한 핑계를 대는 것이다. 멀쩡한 어머니가 아프거나 사돈의 팔촌이 세상을 떠나고, 타지도 않은 버스가 사고가 나는 등 레퍼토리는 다양하다. 그렇게 출근시간을 미루거나 휴가를 내고 나면 안절부절 힘들었던 마음도 조금은 편해진다.

살면서 이런 종류의 거짓말을 해보지 않은 사람은 아마 없을 것이다. 다만 그 정도가 심해지면 타인과 자신에게 해가 되기도 한다.

그녀가
거짓말을 일삼는
이유

나는 습관처럼 거짓말을 일삼는 여고생을 상담한 적이 있다. 그 아이는 가족에 관한 것은 물론이고 학교생활이나 남자친구와의 일까지 구체적으로 지어냈다. 그 아이의 내면을 가득 채우고 있는 것은 다름 아닌 불안이었다. 부모가 이혼한 사실, 엄마가 재혼해서 생긴 갓난쟁이 동생에 대해서 친구들이 알게 될까봐 불안해했고, 친구들의 관심을 사기 위해 만들어낸 연애담이 가짜라는 것이 들통날까봐 불안해했다. 본인이 거짓말을 자주 하니 다른 사람의 말도 쉽게 의심했다. 자신의 결점을 남에게 투사하는 일종의 방어기제였다. 당연하게도 거짓말은 더 큰 거짓말을 낳았다. 급기야 주변의 신뢰를 잃게 되었고, 신경증에 시달렸다.

방어기제defense mechanism는 불안에서 스스로를 보호하기 위한 무의식적인 반응으로, 누구나 가지고 있는 것이다. 방어기제는 거의 본능적으로 작동한다. 심리적 상처를 최소화하려는 장치이니 나쁘다고만 볼 수는 없다. 하지만 때로는 지나친 현실 왜곡과 함께 오히려 자신을 해치는 결과를 불러오기도 한다.

소위 막장드라마에 나오는 악인들의 말로가 그렇다. 자신의 무능이나 잘못, 죄책감을 회피하고자 그들의 무의식은 강력한 방어기제를 작동시킨다. 뇌로 하여금 그 기억을 깡그리 지워버리거나 진짜 자신의 모습이 아닌 것으로 만들어버리는 식이다. 해리성 기억상실, 그리고 흔히 다중인격이라고 말하는 해리성 정체성 장애가 바로 그것이다.

상담 현장에서 자신의 거짓말을 사실로 믿어버리고, 있었던 일을 없었던 것으로 여기는 사람들을 실제로 종종 만난다. 불안이 팽배한 우리 사회의 민낯을 대면하는 듯해 기분이 씁쓸하다. 경쟁은 치열하고, 끊임없이 성공을 강요당하며 남과 다르면 손가락질 받는 세상에서 편안한 마음으로 살기란 쉽지 않아 보인다.

적반하장은
불안감
때문

세계적으로 사랑받는 동화작가 앤서니 브라운의 작품 『겁쟁이 빌리』(비룡소 간)에는 걱정이 너무 많은 아이 빌리가 등장한다. 빌리는 수많은 모자가 자기에게 덤벼들까봐, 비가 많이 내려서 방에 물이 가득 찰까봐 겁을 낸다. 신발이 걸어서 창문으로 도망가면 어쩌나 걱정하기도 하고 큰 새가 자기를 물어갈지도 모른다며 불안해한다. 어른들이 보기에는 엉뚱한 걱정이지만 빌리는 제 나름대로 심각하다. 보이는 모든 것이 걱정거리니 매일이 힘들 수밖에!

빌리의 엄마와 아빠는 아이에게 그런 일은 절대 일어나지 않을 거라고 말해준다. 만일 그런 일이 일어난다면 빌리를 지

『겁쟁이 빌리』
앤서니 브라운 글·그림, 허은미 옮김/비룡소

켜줄 것이라고 약속하지만 빌리의 걱정은 사라지지 않는다. 조그마한 아이의 얼굴에 어찌나 수심이 가득한지, 그림을 볼 때마다 설핏 웃음이 나올 정도다. 결국 빌리는 할머니를 찾아가 자신의 걱정과 근심거리를 모두 털어놓는다.

나는 이 책을 소재로 상담이나 강의를 진행할 때면 이런 말을 한다.

"책 제목은 겁쟁이 빌리지만, 빌리라는 아이, 참 용기 있지 않나요?"

빌리의 가장 큰 장점은 바로 자신의 감정이 무엇인지 안다는 것이다. 빌리는 자신에게 겁이 많다는 사실을 알고 있다. 또한 자신의 감정을 할머니에게 솔직하고 정확하게 표현한다. 겁 많은 자신을 창피해하면서도 감추거나 회피하려 들지 않는다. 상담을 직업으로 하는 내 입장에서는 정말이지 훌륭하다는 말이 절로 나온다. 겁이 나면서도 아닌 척, 나약하지만 겉으로는 강한 척하는 사람들이 무척 많기 때문이다.

　언젠가 남편의 폭언으로 인해 사이가 틀어진 부부를 상담한 적이 있다. 남편은 귀가가 늦거나 약속을 어긴 날이면 평소보다 심하게 화를 냈다고 한다. 아내는 "늦은 사람이 도리어 당당해요. 도대체 왜 그러는지 모르겠어요."라며 어이없어 했지만 사실 남편의 속마음은 그게 아니었다. 그는 아내의 추궁에 자신의 잘못이 들통날까봐 불안했다. 그저 미안하다고 하면 될 일인데 불안감을 감추기 위해 오히려 더 큰소리를 치며 아내를 제압하려 한 것이다.

　이처럼 자신의 약점을 드러내지 않으려고 강한 공격성을 보이는 사람들이 있다. 자신의 나약함을 받아들이기 불편해하고, 자신에게 그런 모습이 있다는 사실을 인정하기 싫고, 남에게 보이기가 겁이 나는 까닭이다. 나에게도 그건 쉬운 일이 아니다. 그런 면에서 사람들은 모두 어느 정도는 겁쟁이인지도 모르겠다. 그러니 자신이 겁쟁이라고 인정하는 겁쟁이 빌리는 실로 용감한 사람이 아니겠는가.

　　나의 감정과
　　거리
　　유지하기

　빌리의 이야기를 들은 할머니의 첫 반응은 공감이다. 엄마나 아빠처럼 아이의 걱정을 '걱정할 필요가 없는 일'로 치부하지 않는다. 할머니도 어린 시절에는 그랬었노라고 이야기해준다. 할머니의 그 한마디에 빌리는 자기만 이상한 게 아니라는 생각을 한다. 그러자 조금쯤 안심이 된다.

그 후 할머니는 빌리에게 아주 작은 인형을 몇 개 건네준다. "잠들기 전, 이 인형들에게 너의 걱정을 하나씩 말해주고 베개 밑에 넣어두면 인형들이 밤새 너 대신 걱정을 해줄 거다."라는 말과 함께.

빌리는 할머니 말대로 인형들에게 자신이 걱정하는 것을 말해준다. 그렇게 빌리의 걱정거리는 인형들에게 옮겨가고 인형들은 빌리 대신 걱정하는 역할을 맡는다. 걱정을 덜어낸 빌리는 평소와 달리 가벼운 마음으로 잠을 잔다.

하지만 걱정이 많은 아이답게 빌리는 또다시 걱정에 휩싸인다. 이제는 걱정인형을 걱정하게 된 것이다. '온갖 걱정거리를 떠맡은 인형들은 얼마나 걱정이 많을까?' 걱정이 많아 힘든 심정을 아는 자만이 할 수 있는 걱정이다.

이 책의 좋은 점은 바로 여기에 있다. 빌리가 단번에 마음이 편해졌다면 나는 지금만큼 이 책을 좋아하지 않았을 것이다. 아무렴 그렇지, 치유가 그리 쉽게 이루어지는 것이던가.

빌리는 걱정인형들의 걱정을 덜어줄 또 다른 걱정인형을 만들기 시작하고 걱정인형은 계속해서 늘어간다. 그 작업을 통해 빌리는 비로소 자기 안의 걱정을 버리게 된다.

　심리학자의 방식대로 이야기하자면 할머니의 처방은 곧 분리 기법이다. 자신의 걱정을 걱정인형에게, 걱정인형의 걱정을 또 다른 걱정인형에게 옮기는 작업을 하는 동안 빌리는 자신과 자신의 감정을 따로 분리해서 볼 수 있게 된다. 자기 안에 있을 때는 감당하기 힘들었던 감정을 밖으로 꺼내 바라보는 동안 실은 그리 힘들어할 만한 것이 아니었음을 깨닫는다. 그러한 깨달음 덕분에 마침내 편안해지는 것이다. '객관적 거리'는 이렇게 치유를 선사한다.

　'걱정을 사서 한다'는 말이 있다. 쓸데없는 걱정이 많은 사람에게 하는 말이다. 빌리는 걱정을 사서 하는 아이이고, 수많은 어른도 빌리와 다르지 않다. 우리가 걱정하는 것은 대부분 결코 일어나지 않거나 이미 지나간 일이라는 유명한 이야기가 있다. 걱정해봤자 상황이 달라질 게 없다는 뜻이다.

걱정을 사서 하는
사람들을 위한
처방전

　우리에게 필요한 일은 걱정에 대한 판단이다. 내가 어찌할 수 있는 것과 없는 것을 구분해야 한다. 어찌할 수 있는 것이라면 그 방법을 모색해야겠지만, 그렇지 않은 것은 걱정하지 않도록 연습해야 한다. 구체적인 방법을 간단히 소개해보자.

초록색 쪽지에는 어찌할 수 있는 것을 쓰고, 빨간 쪽지에는 어찌할 수 없는 것을 쓴다. 이 작업을 하려면 나를 전전긍긍하게 만드는 것을 정확히 바라볼 필요가 있다. 그래야 제대로 분류할 수 있다.

다음은 시각화 작업이다. 어찌할 수 없다고 생각한 것을 써 놓은 빨간색 쪽지를 하나하나 손으로 구겨서 휴지통에 넣는다. 기왕 하는 거 있는 힘껏 구겨서 아주 강하게 휴지통에 내팽개치자. 불안이 올라올 때마다 이 방법을 반복해서 활용하면 꽤 완화가 되는 효과를 얻을 수 있다.

자기 자신과 자신의 감정을 분리시켜 생각하기란 쉽지 않다. 불안의 실체를 알기조차 싫은 사람에게는 더더욱 어려운 일이다. 마주해봤자 괴로울 게 뻔하다. 그러니 그저 묻어두고 싶은 그 심정을 이해하지 못하는 것은 아니다. 그러나 마주하지 않으면 인정할 수 없고, 인정하지 않으면 치유할 수도 없다. 차곡차곡 쌓인 거대한 불안이 온 마음을 삼키기 전에 두터운 자기방어의 이불 한 쪽을 들춰보자. 그리고 그 안에 숨어 있는 감정을 외면하지 말고 가만히 바라보자. 하나씩 하나씩 바깥으로 꺼낼 수 있게 될 때까지.

1) 걱정이 올라오면 당신은 어떤 방식으로 다스리는가.

2) 해결할 수 있는 걱정과 해결할 수 없는 걱정을 분리해서 적어보자. 쓰고 보니 어떤 생각이 드는가.

3) 빌리는 자신의 걱정을 할머니에게 이야기했다. 당신에게도 할머니와 같은 대상이 있는가. 그 대상에게 하듯 이 지면에 걱정을 털어놔 보자.

함께 읽으면 좋은 책

『제랄다와 거인』(토미 웅거러 저/비룡소)
『먹구름 청소부』(최은영 글·그림/노란상상)
『내 마음을 누가 알까요?』(줄리 크라우리스 글·그림/노란상상)

화를
주체할 수 없는
순간

억압된 분노

상담가로 일하면서 지금까지 수많은 내담자를 만났다. 그중 몇 명은 시간이 지나도 또렷하게 기억이 난다. 나와 상담할 당시 서른 살이었던 A도 그렇다.

나를 찾아왔을 때 A는 한바탕 큰 사고를 치고 난 뒤였다. 친구와 함께 노래방에 갔다가 속칭 노래방 도우미를 불렀는데 그 여성을 폭행한 것이다. 그녀는 전치 3주의 부상을 입었다. 노래방 기계와 탁자를 때려 부수는 바람에 기물파손으로도 고

소를 당한 상황이었다. 사건이 일어난 시각 A는 만취 상태였고 눈을 뜬 뒤에는 아무것도 생각이 나지 않았다고 했다. 요즘은 너무나 흔한 말이 되어버린 분노조절장애가 바로 A의 문제였다.

그는 키가 많이 작았다. 작은 키는 그의 콤플렉스였고, 때문에 A는 자신을 대하는 타인의 태도에 무척 민감했다. 아무런 근거가 없음에도 남들이 자기를 우습게 보거나 무시한다고 의심하는가 하면, 그 의심이 맞는다는 확신이 들 땐 길길이 날뛰었다. A의 내면에는 분노가 가득했다.

누구나 화가 나면 화를 낼 수 있다. 다만 분노의 지수를 숫자로 표현했을 때 5라고 하면 5만큼 화를 내야 하는데 A는 5의 분노를 20으로 표현하는 사람이었다. 그러니까 15의 분노는 부글부글 끓어오른 거품과 같은 셈이다. 그 거품이 상대를 불안에 떨게 했다. 또 자기보다 덩치가 크고 힘이 센 사람들에게는 '저걸 확 어떻게 해버릴까?'라는 반감을 갖기도 했다.

문제는 이런 사람 앞에서 A가 절대 꼬리를 내리지 않는다는 점이었다. 움츠러들면 자신이 완전히 쪼그라들지도 모른다는 불안, 절대 그렇게 되면 안 된다는 나름의 절박함은 A를 더욱 흥분하게 만들었다. 그런 날이면 A는 자기 자신을 놓아버리는 지경에 이르곤 했다.

아주 사소한 다툼도 나중에는 뒷감당이 안 될 만큼 어마어마한 결과를 낳았다. A는 늘 후회했고, 자신이 벌여놓은 일을 수습하느라 바빴다. 노래방에서 일어난 일을 계기로 더 이상 이렇게 살아서는 안 되겠다는 생각이 들었다며 그는 내게 도움을 요청했다.

A는 대부분의 내담자와 달리 스스로에 대해 말하기를 꺼려하지 않았다. 시간이 지날수록 더욱 많은 이야기를 솔직하게 털어놓았는데, 한번은 이런 이야기를 꺼냈다.

"저한테는 과분할 정도로 괜찮은 여자 친구가 있어요. 여자 친구가 저랑 잠자리를 할 때 막 다뤄진다는 느낌을 받아서 너무 힘들다고 하더라고요. 그게 무슨 말인지 잘 모르겠어요."

알고 보니 A는 가끔 성매매업소를 다녔던 모양이다. 그는 왜소한 체격을 만회하겠다는 생각에 공격적인 관계를 가졌고, 그때마다 상대에게 과한 칭찬을 받았다. 어쩌면 당연한 일이다. A는 그 여성들에게 돈을 지불하는 손님이니까. 그녀들 입장에서는 그를 으쓱하게 만들어 다시 오게 해야 하지 않겠는가.

명문대생은
왜 괴물이
되었을까

A의 이야기를 들으면서 내 머릿속에 이름 하나가 떠올랐

다. 지금은 절판된 책『미안하다고 말하기가 그렇게 어려웠나요』에 등장하는 이름, L. 그는 지난 2000년 자신의 부모를 잔인하게 살해한 명문대생으로, 온 국민에게 충격을 던져준 인물이다. 그를 상담했던 심리학자 이훈구 박사의 기록은 끔찍하면서도 한편으로는 시리도록 가슴 아프다.

L은 어린 시절부터 엄마의 과도한 기대감에 짓눌리고 정서적으로 학대를 당했다. 가족과 떨어져 살고 있던 형마저 법정에서 동생의 심정을 이해한다고 증언했을 정도다. 물론 그러한 사실이 그의 범죄를 합리화하지는 못한다. 하지만 무엇이 그를 그토록 일그러진 괴물로 만들었는가는 모두가 생각해봐야 할 문제다.

L은 사창가에 다니곤 했다. 그는 사창가 여성들에게서 위안을 얻었다. 그 위안이 거짓일지언정 그에게는 중요하지 않았다. 특히 그가 여러 번 찾은 여성이 있는데, 그녀는 어느 날 무슨 마음에선지 L에게 더 이상 오지 말라고 이야기한다. 바로 그날이 경악할 만한 사건이 일어난 날이다.

나는 이 이야기를 A에게 해주었다. A가 성매매업소에 간 이유 또한 크게 다르지 않았을 것이다. 체격 콤플렉스를 갖고 있던 A는 그곳에서 자기가 사실은 강한 남자라는 위안과 확신을 얻었다. 스키너Burrhus F Skinner의 강화이론에 적용하자면 이는 보상과 금전이 결합된 외적 강화다.

강화이론에서는 인간의 행동을 자극에 의한 결과로 본다. 외적 강화는 자극 중에서도 점수, 돈, 칭찬 등 외적인 수단으로 특정한 행동을 강화하는 것, 즉 그 행동의 빈도를 늘리는 것을 의미한다. 실제로 성매매 여성들이 A를 과하게 칭찬해주자 A는 그녀들을 더 자주 찾았고, 잠자리에서 공격성도 더 심해졌다. 물론 그녀들이 해준 칭찬은 진심이 아니었다. 그로 인해 정작 그와 행복해야 할 여자 친구는 마음의 상처를 받을 수밖에 없었다.

나는 A에게 말했다. 자신의 약한 부분을 포장하기 위해 자아를 과도하게 부풀리지 말라고.

"진정한 사랑을 원하면 그 사람과 진정으로 만나야겠지요. 포장된 상태로 만나는 관계가 진솔할 수는 없잖아요."

과도하게 표출하는 분노 또한 자신을 더욱 강하게 부풀리려는 무의식과 이어져 있었다.

A는 다른 사람이 되기를 원했다. 실제보다 훨씬 크게 터져 나오는 분노의 거품을 어떻게 가라앉혀야 할지 물었다.

"화가 나면 참을 수가 없는데… 저는 어떻게 해야 할까요?"

분노라는 감정은
생각할수록
점점 더 커진다

내가 A에게 추천한 책은 마더 구스 수상작이기도 한 『화가 난 아서』(하윈 오람 글·사토시 기타무라 그림/어린이학교)이다. 밤늦게까지 텔레비전을 보고 싶은 꼬마 아서는 이제 그만 자라는 엄마의 말에 화가 난다. 엄마에게 "나 화낼 거야."라고 말해보지만 소용이 없다. 그런데 아서가 화를 내자 천둥과 번개가 치면서 방 안에 있는 물건이 몽땅 깨지고 곧 동네의 굴뚝과 지붕, 탑까지 날아가 버린다. 뒤이어 폭풍우가 몰아치더니 마을 전체를 휩쓸고 만다. 그럼에도 아서의 화는 그칠 줄 모르고 점점 심해진다. 결국에는 지구가 폭발하고, 온 우주가 흔들리고, 달과 별이 산산조각 날 지경에 이른다.

난리인 와중에도 아서의 가족들은 사랑하는 마음으로 아서의 화가 멈추기를 기다린다. 결국 책의 마지막 페이지에서 아서는 자신이 화가 난 이유마저 잊은 채 쿨쿨 잠이 든다. "내가 왜 그렇게 화를 냈지?"라는 아서의 중얼거림은 독자를 웃게 한다.

물론 책 속에서 일어난 일은 분이 풀리지 않은 채 잠자리에 든 아서의 상상 속에서 일어난 것이다. 저자 하윈 오람은 화난 아이의 내면을 자연 현상에 빗대어 환상적으로 표현했으며,

토닥토닥 내 안의 내면아이 안아주기

『화가 난 아서』
하윈 오람 글·사토시 기타무라 그림/어린이학교

그림을 그린 사토시 기타무라 또한 그 내용을 멋지게 시각화했다. 그래서 나는 이 책을 처방에 자주 쓴다.

감정은 보이지 않는 범위이다. 그래서 가끔 우리를 끝 모를 곳으로 안내한다. 이를 시각화하여 바로 눈앞에 끌어다 보여주면 자신이 가졌던 감정의 모양, 색채를 명확히 알 수 있게 된다. 그림책이 심리치유 도구로 더 좋은 이유가 여기에 있다.

『화가 난 아서』는 재미있고 교육적일 뿐 아니라, 분노의 속성을 매우 잘 보여주는 그림책이다. "이거 그림책이잖아요!" 하면서 나의 책 처방을 그리 진지하지 않게 받아들였던 A도 분노의 시작과 끝이 얼마나 다른지 보라고 하자 금방 그 의미를 알아챘다.

분노의 파동은 실제로 어마어마하다. 분노는 다른 감정과 달리 생각하고 생각할수록 커진다. 기쁨이나 슬픔이라는 감정은 생각을 거듭할수록 커지지는 않는다. 하지만 분노는 처음에는 주먹만 했다가도 머릿속에서 굴릴 때마다 눈덩이처럼 불어난다. 분명 별거 아닌 이유였는데, 나중엔 자세히 기억도 안 나는데, 아무튼 점점 더 화가 나서 아무것도 보이지 않을 정도가 된다. 아서의 화가 방 안의 물건, 굴뚝과 지붕, 동네 전체, 지구와 우주로 퍼져나가는 장면은 시간에 따른 분노의 크기를 표현한 것이다.

이렇다보니 많은 사람들이 분노를 '나쁘다'고 인식한다. 이 세상에 '나쁜' 감정은 없다. 다만 감정을 표현하는 방식에 문제가 있을 뿐이다. 분노 또한 당연하고 필요한 감정이다. 화를 부정적인 감정으로 생각하고 무작정 참으면 궁극에는 억눌린 분노가 엉뚱한 때에 폭발해 문제가 더욱 심각해진다. 또는 극심한 피해의식 같은 정신 장애로 나타날 수 있다. 따라서 다른 감정과 마찬가지로 자신 안의 분노를 인정하고 그것을 건강하게 표현해야 한다.

건강하게
화내는
방법

심리학에서는 분노를 표출하는 성향을 네 가지로 분류한다. 공격적, 수동적, 수동공격적, 투영공격적 성향이 그것이다. 갑자기 폭발하거나 상대방에게 앙갚음하려는 행위는 공격적 분노 성향이고, 갈등과 충돌을 피한 채 화를 안으로 삭이는 행위는 전형적인 수동적 분노 성향이다. 수동적으로 보이지만 공격성을 품고 있는 행위는 수동공격적 분노 성향인데, 예를 들어 토라지거나 입을 꾹 닫는 식으로 자신이 화났음을 알리는 행동, 복수를 위해 상대를 속이거나 유혹하는 행동 등이 여기에 해당된다. 투영공격적 분노 성향을 가진 사람들도 많다. 말 그대로 자신의 감정을 남에게 투영하기 때문에 자기가 화났을 때 상대도 화난 것처럼 느낀다. 스스로를 무고한 피해자로 여기기도 하고 화를 잘 내는 사람에게 끌리기도 한다.

우리는 분노를 이보다 '잘' 표출할 수 있다. 다만 방법을 모르고 있을 뿐이다. 그렇다면 분노를 잘 표현하는 방법은 무엇일까?

1. 분노를 유발한 사람에게 자신이 화났음을 솔직하게 알리고, 무엇 때문인지 정확하게 말한다.
2. 내용은 잘 전달해야 하지만 반드시 차분한 어조로 말할 필요는 없다. 분노가 5라면 5만큼, 10이라면 10만큼 표현해도 된다. 만일 극단적이며 직접적인 피해를 입었다면 그에 맞게 분노해야 한다. 이때 분노는 스스로를 방어하는 감정이 된다. 화가 난다고 해서 욕을 하거나 폭력을 쓴다면 분노를 잘못 표현한 것이다. 꾹 참고 넘어

가는 것 또한 좋은 방법이 아니다. 정말로 털어버릴 수 있다면 몰라도 마음 한편에 화가 차곡차곡 쌓여 나중에 필요 이상으로 폭발하기 때문이다.

3. 화난 지금- 여기에 집중해야 한다. 갑자기 지나치게 화를 내며 "너 그때도 나한테 이랬잖아."라며 옛날이야기를 끄집어내면 상대방 입장에서는 당황스러울 뿐더러 반감이 생긴다.
4. 분노의 감정은 표현하되, 그 시기와 강도를 선택하고 조절할 줄 알아야 한다.
5. 나 전달법으로 표현한다. 비난이 아니라 그 상황에서 내 감정이 어땠고 그로 인해 상처를 입었음을 표현하는 것이다. "나는 너의 이런 행동 때문에 마음이 아팠고 화가 났어."라고 말하는 연습이 필요하다.

이것이 바로 건강하게 분노하는 방법이자 화가 지나치게 불어나지 않도록 막는 방법이다. 화를 내는 것보다 화를 눌렀다가 엉뚱하게 표출하는 것이 더욱 미성숙한 일임을 모르는 사람이 많은 것 같다. 그러니 제때에, 알맞은 방식으로 화를 내자.

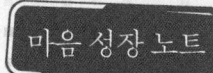

1) 필요 이상으로 분노한 경우를 생각하며, 그 상태를 물로 혹은 불로 비유해 표현해보자.

2) 화를 내야 할 때 내지 못하고 쌓아둔 까닭에 힘들었던 경험을 적어보자.

3) '건강하게 분노하기' 위해 내가 먼저 해야 할 것이 있다면 무엇인가.

함께 읽으면 좋은 책

『소피가 화나면 정말 화나면』(몰리 뱅 글·그림/책읽는곰)

『아 톡』(미샤 다미안 글·요세프 빌콘 그림/보물창고)

『전쟁』(아나이스 보질라드 글·그림/비룡소)

『화가 호로록 풀리는 책』(신혜영 글·김진 그림/위즈덤하우스)

정직하고
성실하게 살아온 게
억울하다면

진실의 힘

강의를 위해 창원을 방문할 때마다 마산을 거쳐 서울로 올라온다. 그런 날 나의 일정은 항상 똑같다. 창원의 풍경을 즐긴 뒤 마산 어시장을 누비는 것이다. 봄에는 벚꽃을, 여름과 가을에는 녹음과 단풍을, 겨울에는 내가 사는 곳과 다른 온화한 추위를 느낀다. 이 시간은 남녘에서 강의한 날에만 누리는 호사다.

어시장의 할머니들은 비가 오나 눈이 오나 늘 같은 시간이면 시장에 나와 몇 십 년째 자신의 자리를 지키고 있다. 생선을 팔아 자식들을 키우고, 학교에 보내고, 그 자식들이 자식을 본 뒤에도 여전히 생선을 판다.

강의가 있을 때마다 그곳을 찾는 까닭에 제법 가까워진 할머니들도 있다. 그분들이 혹시 이번에는 안 계시면 어쩌나 불안한 마음을 안고 간다. 그러다가 변함없이 같은 곳에 앉아 있는 할머니를 발견하면 가슴을 쓸어내리며 어설픈 사투리로 농담을 던진다.

"할머니 안 힘드십니까? 인자 건강 생각해가 집에서 쉬이소~! 내도 좀 있으면 마 그냥 쉴랍니다. 하~ 우리 할머니 못 보게 되면 우야노? 그게 쪼매 걸려도 이젠 손 놓을라꼬예."

내 너스레를 들은 할머니의 대답은 늘 똑같다.

"하이고~ 집에 들어앉아 있으마는 누가 뭐 준다 카드나? 내는 그냥 이거이 내 사는기라."

어시장 노인들의 한결같은 삶은 나를 숙연하게 한다. 성실한 하루하루가 층층이 쌓이고 그 사이사이에 땀이 배어 이루어진 인생은 어느 날 갑자기 반짝 하고 솟아올라 언제 꺼질지 모르는 인생과는 비교할 수 없다. 화려하지 않아도 야무지게 견고하다.

슬프게도 요즘 우리 사회는 정직과 성실의 가치를 존중하지 않는 것 같다. 오히려 사람이 지나치게 바르고 곧으면 미련하다고 흉보거나 답답하게 여긴다. 요령과 꼼수가 난무하는 세상 속에서 정직한 사람들이 손해를 보다보니 '정직하게 살아봤자 나만 바보'라는 생각이 만연해 있다. 비뚤어진 인식과 잘못된 피해의식이 사람들로 하여금 가치관의 혼란을 느끼게 한다.

내 진심이
통하지
않을 때

얼마 전, 중학교에 다니는 여학생과 상담을 진행했다. 그 아이는 심한 우울을 느껴 상담을 받기 시작했다. 내담자의 말에 따르면 일 년 전만 해도 지금과 달리 무척 밝은 아이였다. 마음씨도 착했는지, 중학교에 입학하자마자 곤경에 처한 같은 반 친구 A를 도와주고 자신이 어울리는 친구들 무리에 끼워주었던가 보다.

한두 달은 괜찮았으나 시간이 좀 더 흐르면서 내담자를 비롯한 친구들은 A의 언행에 문제가 있음을 깨달았다. 결국 한 명씩 A와 다툼이 일어났고 자연스레 A는 무리에서 멀어졌다. 내담자는 그 사이에서 어쩔 줄 모른 채 어떻게든 친구들을 화해시키려고 노력했던 모양이다.

그런데 기가 막힌 일이 일어났다. A가 선생님을 찾아가서 아이들이 자신을 계획적으로 따돌렸으며, 따돌림을 주도한 사람이 바로 내담자라고 이야기한 것이다. 내담자는 그 일로 큰 충격을 받았고 우울감에 시달리게 되었다. A에게 먼저 손을 내민 것은 물론, 크고 작은 일이 생길 때마다 챙겨주었는데, 그런 자신을 왕따 주동자로 몰았으니 그럴 만도 했다.

"저는요, 앞으로는 이렇게 살면 안 되겠다고 생각했어요."

곤경에 처한 사람을 도와줘봤자 오히려 피해를 입을 뿐이라는 것이 이 어린 학생이 내린 결론이었다. 아이는 속상함과 억울함이 가슴속에 가득 차서 화병에 걸린 것처럼 시도 때도 없이 울화가 치밀어 오른다고 했다. 선생님이 자신의 말을 믿지 않으면 어떡하나 하는 걱정도 들었다. 진심과 노력이 배신을 당하는 경험을 한 아이가 '솔직하게 말하면 선생님도 알아주실 거야'라고 생각하기에는 무리가 있으리라.

나는 그 마음이 이해되고 안쓰러웠으나, 아이가 삶의 태도에 대해 성급하고 잘못된 결론을 내리는 모습이 더욱 안타까웠다. 치유가 필요한 그 아이에게 내가 건네준 그림책은 『빈 화분』(사계절 간)이다.

혼자
소리 내어
읽기의 힘

『빈 화분』은 동화작가 데미가 중국의 옛이야기에 그림을

『빈 화분』
데미 글·그림/서애경 옮김/사계절

더하여 만든 책이다. 초등학교 2학년 교과서에 실린 '꽃씨와 소년'이라는 이야기의 원작이기도 하다. 책장을 넘길 때마다 매번 새로운 작품을 보는 듯 예쁜 그림들이 인상적이다. 다채롭고 화려한 색채로 구성되어 있는데도 분위기는 묘하게 은은하다.

　동양에서 예로부터 전해 내려오는 이야기가 대개 그렇듯 『빈 화분』 또한 그 내용이 명료하며 교훈적인 메시지를 지니고 있다. 주인공 '핑'은 꽃을 무척 사랑하는 소년으로, 핑이 심은 풀과 나무는 쑥쑥 자라 아름다운 꽃을 피웠다. 핑이 사는 나라는 꽃을 좋아하는 사람들이 가득해 곳곳에 꽃향기가 가득했는데, 임금님 또한 꽃 사랑이 지극했다.

　나이가 무척 많아 후계자를 선택해야 할 때가 되자 임금님은 나라 안 모든 아이들에게 꽃씨를 나누어주고는 한 해 동안 그것을 잘 가꾼 아이에게 왕위를 물려주겠노라 선언한다. 꽃을 피우는 일에 누구보다 자신이 있었던 핑은 꽃씨를 받아

화분에 심고 날마다 물을 준다. 하지만 아무리 애를 써도 꽃은 피어나지 않았다. 화분을 바꾸어도 보고 새 흙에 씨앗을 다시 심어보아도 새싹이 돋아날 기미조차 보이지 않는다.

한 해가 지나고 아이들은 예쁜 꽃이 핀 화분을 안고 궁궐로 향한다. 핑은 빈 화분 앞에서 슬퍼할 뿐이다. 정성을 다했으니 되었다는 아버지의 조언에 따라 임금님께 빈 화분을 바치며 왈칵 눈물을 쏟는 핑. 그런 핑에게 임금님은 의외의 말을 한다. 아이들에게 나누어준 씨앗은 모두 익힌 씨앗이며 싹을 틔울 수 없다고. 결국 정직한 아이 핑이 왕이 되면서 이야기는 끝이 난다.

전형적인 전개 때문인지 내담자는 책을 읽은 뒤 별다른 감흥이 없는 듯했다. 중학생에게는 너무 빤해 보이는 내용일 것이다. 나는 아이에게 틈이 날 때마다 이 책을 소리 내어 읽어보라고 권했다.

고민이 많으면 책을 읽어도 내용을 음미하기 어렵다. 눈에만 글씨를 담을 뿐 그 속뜻이 마음까지 와 닿지 않는다. 그럴 만한 마음의 여유가 없는 탓이다. 하지만 한 글자 한 글자 직접 발음해가며 소리 내어 글을 읽으면 전혀 느낌이 다르다. 마치 가장 가까운 사람이 다독여주듯 자신의 목소리를 통해 스스로 위안을 얻을 수 있게 된다. 가장 쉬운 치유법인 셈이다. 게다가 그림책은 글의 양이 적기 때문에 시간을 많이 들이지 않아도 자주 낭독할 수 있다.

효과는 금세 나타났다. 일주일 뒤 만난 아이는 내게 이렇게 고백했다.

"펑의 아버지가 펑한테 말하잖아요. '정성을 다했으니 됐다'고. 별말 아닌 것 같은데 소리 내서 읽을 때마다 자꾸 눈물이 나서 펑펑 울었어요. 저한테 해주는 말 같아서요."

나는 책의 마지막 페이지에 나오는 임금님의 말을 인용해 아이에게 꼭 해주고픈 말을 건넸다. 빈 화분처럼 정성의 결과가 눈에 보이지 않더라도 너는 거기에 진실을 담은 것이라고. 그것은 누가 봐도 높이 살 만한 일이며, 너는 잘못 살지 않았다고.

정직하면
손해 보는
것일까

정직하고 성실한 사람들이 간혹 느끼는 처참한 기분을 나는 이해한다. 올바른 가치를 번거로운 것으로 치부하는 세상에서 홀로 정도를 지키며 살기란 얼마나 힘든 일인가. 돈이 되지 않으면 쓸데없는 일, 양보하면 어리석은 처신이라 여기는 우리 사회의 인식이 바뀌지 않는 한, 그 안에서 살아가는 선량한 사람들은 황폐한 사막 한가운데 서 있는 듯한 쓸쓸함을 떨쳐

내지 못할 것이다. 그동안 정직하고 성실하게 살아왔으나 아무것도 남은 게 없는 것 같은 인생 앞에서 수시로 씁쓸할 것이다. 정직과 성실은 누구 한 사람의 문제가 아니라 집단의 문제, 사회의 문제다.

그런 의미에서 홈쇼핑 방송에서 열일하는 모 개그맨이 생각난다. 그는 사업을 하다가 크게 실패했다고 한다. 그러나 신세 한탄을 하면서 주저앉아 있지 않고 어깨에 힘을 빼고 다시 시작했다. 자식들을 잘 키우겠다는 일념으로 성실하게 방송에서 김치도 먹고, 생선도 팔며 다양하게 쇼호스트 역할을 감당하고 있다. 잘나가는 방송인이고 사업가였던 과거의 화려한 겉모습을 내려놓으니 오히려 성실하고 믿음이 가는 이미지를 얻게 되지 않았나 싶다. 아마도 그의 내면은 예전보다 훨씬 더 단단해졌을 것이다.

나보다 돈을 잘 버는 친구, 운이 좋아 큰돈을 거머쥔 지인을 바라보며 한숨 쉬는 이들에게 응원을 보내고 싶다. 당신이 들고 있는 화분이 비어 있다고 한들 좌절하지 말라. 거짓으로 피워낸 꽃들처럼 눈에 띄지는 않지만, 그 안에는 당신의 땀방울이 가득하다. 펑의 화분이 그러하듯 당신의 화분 또한 실은 텅 빈 것이 아니다. 당신의 화분에는 진실이 가득 담겨 있지 않은가. 스스로 부끄럽지 않고 당당한 삶. 그보다 더 가치 있는 인생이 어디 있겠는가.

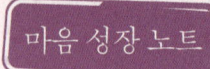

1) 속이고 싶은 마음과 정직하려는 마음 사이에서 갈등한 경험을 적어 보자. 그때 당신은 어떤 선택을 했는가.

2) 빈 화분을 들고 가야 하는 '핑'의 마음을 위로한다면?

3) 핑이 빈 화분을 가지고 임금 앞에 나선 것이 무모하다고 말하는 사람들에게 당신이 핑을 옹호하는 댓글을 단다면?

함께 읽으면 좋은 책

『**소년**』(윤동주 글·이성표 그림/보림출판사)
『**금이 간 거울**』(방미진 글·정문주 그림/창비)
『**어치와 참나무**』(이순원 글·강승은 그림/북극곰)
『**나무를 심은 사람**』(장 지오노 저·햇살과 나무꾼 옮김/두레아이들)

나 자신이
한심해서
견딜 수가 없어요

낮은 자존감

요즘 상담을 하다보면 결혼에 대해 부정적으로 생각하는 사람들을 참 많이 만난다. 아직 결혼하지 않은 젊은 층일수록 이러한 성향이 짙다. 'N포 세대'가 가장 먼저 포기해야 했던 것이 연애와 결혼, 출산인 만큼 당연한 결과인지 모른다. 게다가 이제 결혼은 일정한 나이가 되면 누구나 해야 하는 자연스러운 과정이 아니라 개인의 선택 문제가 되었다.

　실업률과 자녀 양육비 등 경제적 어려움, 성 평등에 관한 문제의식, 가족에게 얽매이기보다는 개인의 즐거움을 추구하는 경향 등 사람들이 결혼을 재고하는 이유야 많겠지만 나는 직업이 직업이니만큼 현상학적 관점으로 사태를 바라보게 된다. 개인이 살아가면서 축적한 경험과 그로 인해 형성된 내면의 심리를 통해 원인을 찾는 것이다.

"어릴 때부터 부모님의 모습을 보면서 저절로 결혼하고 싶지 않다는 생각을 하게 됐어요. 두 분이 행복하다고 느낀 적이 한번도 없거든요."

나는 이런 식으로 이야기하는 사람들을 자주 보았다. 부모가 사는 모습을 보면서 결혼에 대한 관념을 갖게 되니, 부부 사이가 좋지 않은 부모 밑에서 자란 사람이 그런 결론을 내리는 것도 무리는 아니다.

일례로 가부장적인 아버지와 숨죽이며 사는 어머니를 지켜본 자녀들은 하나같이 '난 저렇게 살지 말아야지'라고 생각한다. 같은 생각을 바탕으로 다른 길을 택하기도 하는데, 자신의 부모와 다른 결혼생활을 하겠다고 다짐하는 사람이 있는가 하면 결혼 자체를 기피해버리는 사람도 있다.

결혼은 선택의 문제이지 꼭 해야만 하는 것은 아니다. 다만 자신의 가족이 행복하지 않았다는 이유로 결혼은 불행한 것이라고 확신하는 사람들을 보면 안타까운 마음이 든다. 그들에게는 한 가지 공통점이 있다. 바로 자존감이 높지 않다는 것이다. 그들은 자신이 부모와 다른 결혼생활을 할 수 있을 거라 믿지 못한다.

자존감이라는
감정의
핵심

자존감은 우리 사회에서 단연 뜨거운 화두다. 모두가 자존감에 대해 이야기한다. 자녀를 키우는 부모들은 아이의 자존감을 키워주고자 애쓴다. 그만큼 낮은 자존감으로 고민하는 사람들이 많다는 사실을 반증하는 현상일 것이다. 대체 자존감이 무엇이기에 모두들 자존감을 높이려 야단일까?

글자 그대로 자존감自尊感은 자기 자신을 존중하는 마음이다. 조금 더 자세히 설명하자면 자신의 가치와 능력, 자신의 영향력을 스스로 얼마나 긍정적으로 판단하는지를 이르는 개념이다. 자존감이 높은 사람은 자신의 존재가 가치 있다고 여기며, 자신의 능력을 믿는다. 따라서 주위 상황도 좋게 흘러갈 거라 여긴다.

자존감의 핵심은 여기에 있다. 객관적인 것이 아니라 지극히 주관적인 평가, 이것이 자존감이라는 감정의 특징이다.

나는 초등학교 때 소위 날고 기었다는 아이들이 중학교니 고등학교에 가서 맥을 못 추는 경우를 자주 본다. 고학년이 될수록 시험은 어려워지고 경쟁도 치열해지니 어릴 때와 달리 신통치 않은 성적표를 받을 가능성이 크다. 그런데 이때, 자존감이 높은 아이와 낮은 아이의 반응은 확연히 다르다. 자존감이 높은 아이들은 당장 성적이 떨어진다고 해서 자신의 가치까지 의심하지 않는다. 열심히 하면 된다는 믿음이 있기에 다시 일어설 수 있다. 공부란 결국 그 이유를 찾고 성취의 즐거움을 느껴야 오래 할 수 있는 것 아닌가. 자존감이 높으면 학업과 인간관계, 행복감 등 수많은 부분에서 유리하다는 사실 또한 여러 연구에 의해 입증이 되었다.

자존감이 낮은 아이들은 떨어진 성적을 자신의 추락과 동일시한다. 공부를 못하는 나는 아무런 가치가 없다고 생각하기 때문에 등수가 떨어질까 전전긍긍하고, 성적이 높은 아이들 그룹에 끼지 못할까 겁이 난다. 불안감으로 에너지를 소진해버리니 정작 공부에 신경 쓰지 못해 성적이 떨어지는 아이들도 많다. 그러면 자존감은 더욱 낮아지고, 악순환은 계속된다.

나는 이런 아이들을 상담할 때마다 가슴이 아픈 한편, 조금은 안심이 되기도 한다. 더 극단적인 상황이 오기 전에 자신의 감정을 추스르고 치유할 수 있는 기회가 생겼다는 점에서 그렇다. 성적이 곧 자기 자신이 아님에도 불구하고 시험을 망쳤다는 이유로 귀한 목숨을 저버리는 아이들이 얼마나 많은가. 설령 그 시기를 무사히 넘긴다 해도 그들은 성인이 되어 사회

생활과 대인관계에 어려움을 느낄 것이었다.

말의 힘이란 얼마나 강력한가

낮은 자존감으로 힘들어하는 이들에게 나는 『너는 특별하단다』(맥스 루카도 글·세르지오 마르티네즈 그림/고슴도치)라는 책을 건넨다. 이때 내담자들의 반응은 시큰둥하다. "이거 애들이 보는 거 아니에요?" 하는 식이다. 어떤 대학생은 책 제목을 보더니 이렇게 항의했다. "아무리 생각해도 저한테 특별한 점이라곤 하나도 없는데 이런 말을 듣는다고 해서 무슨 장점이 생기는 것도 아니잖아요. 그냥 위로를 위한 가벼운 말 같아요."

하지만 말의 힘이란 얼마나 강한지 모른다. 처음에는 심드렁했던 그가 마지막 장을 보며 한참 동안 먹먹해하던 장면을 나는 아직도 기억하고 있다. 아주 짧은 이야기지만 그는 책

『너는 특별하단다』
맥스 루카도 글·세르지오 마르티네즈 그림/고슴도치

속의 주인공에게 깊이 공감했던 것이다.

　사실 이 책은 내게 남다른 의미가 있다. 한 지역 특수교육원에서 장애 아동과 부모들이 함께하는 제주도 힐링 연수에 나를 초대해주었다. 나는 아직도 그날을 잊을 수가 없다. 한 선생님이 아이들 앞에서 『너는 특별하단다』를 낭독했다. 그때 발달장애 혹은 인지장애를 갖고 있던 아이들이 엄청나게 몰입했다. 그 모습을 보고 모든 이들이 얼마나 놀랐는지 모른다. 많은 선생님들이 수업이 순조롭게 진행될까 걱정했지만 아이들은 온 마음으로 책의 내용을 이해했다. 눈물을 흘리는 아이들, 함께 운 부모님들이 떠오를 때마다 지금도 내 눈시울은 대책 없이 뜨거워진다.

　『너는 특별하단다』는 나무 사람 펀치넬로 이야기다. 펀치넬로는 나무 사람들의 마을에 산다. '웸믹'이라 불리는 나무 사람들은 날마다 서로에게 금빛 별표나 잿빛 점표를 붙이며 살아간다. 보기에 멋지거나 재주가 뛰어난 웸믹은 많은 별표를 받고 그렇지 못한 웸믹은 점표를 받는데, 점표 투성이 펀치넬로는 점점 우울해진다.

　그런 펀치넬로 앞에 어느 날 아무런 표시도 없는 웸믹 루시아가 나타난다. 웸믹들은 루시아에게 점표가 하나도 없다고 칭찬하며 별표를 붙이거나, 반대로 별표가 하나도 없다고 비웃으며 점표를 붙인다. 하지만 무엇을 붙이건 루시아의 몸에서 곧 떨어져버린다. 펀치넬로는 점표나 별표가 몸에서 떨어져나가는 비결이 무엇이냐고 루시아에게 묻는다. 루시아는 웸믹을 만든 목수 '엘리 아저씨'를 찾아가라고 일러준다. 펀치넬로는 엘리 아저씨를 만나 '별표나 점표는 그것을 중요하게 생각하는 사람에게만 붙는다'는 것을 알게 된다. 엘리 아저씨는 이렇게 덧붙인다. "내가 너를 만들었고, 넌 아주 특별하단다"라고.

펀치넬로 이야기는 자존감의 성질을 잘 표현하고 있다. 내가 나를 어떻게 생각하느냐가 중요하며, 나의 삶이 남에 의해 좌지우지되면 안 된다는 것이 이 책의 메시지다.

아무리 봐도
별 볼 일 없는
나

취업에 계속 실패해 우울증에 시달리다가 나를 찾아온 내담자 J가 생각난다. 그는 펀치넬로 이야기에 대해 이렇게 말했다.

"남의 눈을 신경 쓰지 않으려고 애쓰긴 하지만, 저는 외모건 학벌이건 직장이건 누가 봐도 별 볼 일이 없어요. 이런 상황에 어떻게 자존감이 높아지겠어요?"

J는 중상위권이라고 평가되는 대학을 나왔음에도 자신의 학력을 무척 부끄러워했다. 서른이 다 된 나이인데도 학교 이

야기만 나오면 "원래 더 좋은 데 갈 수 있었는데…"라고 강조하곤 했다. 취업이 안 되는 이유도 전부 학교 간판 때문이라고 믿었다. 자기도 다른 사람의 학벌을 따지면서 학벌을 따지는 한국사회가 문제라고 입버릇처럼 말했다.

 J는 어떤 일도 주도적으로 하지 않았다. 그저 남들 눈에 괜찮아 보일 만한 일자리를 찾았다. 혹시 누가 자기를 무시할까 봐 허풍을 떨었고, 그러면서도 속으로는 자신의 단점을 들킬까 봐 신경 썼다. 이는 모두 자존감이 낮은 사람의 특징이다. 자존감이 낮은 사람은 자신이 만들어낸 상상 속의 군중을 자기 삶의 중심에 둔다. '내' 삶의 주인이 '내'가 아닌 셈이다.

 J의 주장과 달리 많은 것을 가졌다고 해서 그것이 반드시 높은 자존감으로 연결되지는 않는다. 누구나 부러워하는 위치에 있음에도 자기비하와 피해의식에 시달리는 사람이 있고, 모두가 보잘것없다고 생각하는 일도 긍지와 자부심을 가지고 하는 사람이 있는 것처럼 말이다.

 타인의 시선을 중시하고 경쟁과 비교에 익숙한 우리 사회에서 수많은 사람들이 낮은 자존감에 신음하는 것도 무리는 아니다. 어릴 때부터 '엄친아', '엄친딸'과 비교당하며 자라는 아이들은 성인이 되어서도 주변 사람들과 자신을 비교하면서 뒤떨어진다는 불안감에 시달린다. 성공 기준이 획일적인 이 레이스에서 다수는 뒤처지고, 뒤처진 이들은 상처받는다.

자존감이란
당신의 선택에 달린
문제

어쩌면 펀치넬로는 상처받은 우리의 모습이다. 자신의 몸에 붙은 점표를 보고 펀치넬로는 처음에는 억울해한다. 하지만 점표가 많이 붙을수록 "아무래도 난 좋은 나무 사람이 아닌가 봐"라고 되뇌게 된다. 이처럼 우리도 사회와 타인의 기준으로 평가된 '나'를 진짜 '나'로 받아들이고 만다. 그리고 자신을 사랑하지 못한 채 살아간다.

J 또한 "그 정도 성적으로 나중에 밥 벌어먹고 살겠니?"라는 부모님의 질책을 들으며 자란 사람이었다. 누구 하나 그를 칭찬해주지 않았고, '나는 별 볼 일 없는 사람'이라는 생각이 점점 굳어져 마침내 스스로도 그렇게 믿게 된 것이다.

나는 그에게 몇 가지 숙제를 내주었다. 남과의 비교를 멈추고 다른 사람의 의견에 잠시 귀를 닫을 것. 사소하더라도 하고 싶은 일을 모두 적어보고, 그중 하나를 정해 단계적으로 목표를 세울 것. 또 한 가지는 『너는 특별하단다』에 나오는 웸믹처럼 자신의 몸에 별표와 점표를 붙이는 작업이었다.

J는 자신의 장점과 단점을 각각 색이 다른 포스트잇에 적어 몸에 붙였다. 나는 그에게 그중 '남이 나를 이렇게 생각할 것이다'라고 짐작해서 적은 것을 모두 떼어보라고 했다. 소극적이

고, 유머가 없고, 기억에 남지 않는 인상이고⋯ 그는 점표 여러 개를 떼어냈다. 다르게 보면 조용하고, 진지하고, 특별히 못난 부분이 없다는 뜻이기도 한데, 자기가 너무 부정적으로만 생각했던 것 같다며 J는 웃었다. 조금 후련해졌다고 했다. 두 달간의 상담이 끝난 뒤 그의 표정은 처음과 많이 달라져 있었다.

남의 눈이 아닌 나의 눈으로 스스로를 보아야 한다. 자존감을 높이겠다고 스스로를 무조건 높게 평가하기보다는 장점과 단점을 가진 있는 그대로의 자신을 인정하는 것이 중요하다. 또한 조그마한 목표일지언정 그것을 달성하며 성취감을 느끼다보면 자신감이 생긴다. 이는 모두 상상 속 군중이 아닌 내가 주인이 되어 살아가기 위한 연습이다.

무엇보다, 자존감 회복을 위한 첫걸음은 선택이다. 자존감이란 내가 나에게 내리는 평가라는 사실을 기억해야 한다. 남들이 어떻게 생각하든 나를 소중하게 여기리라 스스로 선택하지 않는 한 자존감은 절대 높아지지 않는다. 그렇게 선택한 순간, 마지막 장의 펀치넬로처럼 우리 몸에서도 잿빛 점표가 툭 떨어지기 시작할 것이다.

당신은 특별하다. 남들이 보기에 멋지지 않더라도, 당신은 다른 누구와도 같지 않은 당신이라서 특별하다. 우리 모두는, 그렇게 특별하다.

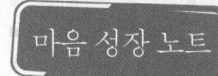

1) 내 자존감 지수를 1부터 10까지 점수화한다면? 그렇게 생각한 이유는?

2) 내게 붙은 별표와 점표를 점검해보자.

3) 점검 후에 나를 들여다보고 어떤 느낌이 드는지 적어보자.

함께 읽으면 좋은 책

『**프레드릭**』(레오 리오니 글·그림/시공주니어)
『**줄무늬가 생겼어요**』(데이빗 섀논 글 그림/비룡소)
『**검은 반점**』(정미진 글·황미옥 그림/엣눈북스)

2장

나를 더 아끼고 사랑하는 법

가장
들키기 싫은
나의 모습

감춰놓은 수치심

「응답하라 1988」이 나를 문산으로 소환했다. 그 시절의 내 집과 골목과 학교 가는 길과 초등학교 전경이 나를 불러냈다. 아! 미처 그 시절과 인사도 없이 떠나왔음을… 그래서 내 어린 시절의 풍경들은 나를 몹시도 야속해하고 있었을 것임을 어제야 알았는데…. 이렇게라도 급조한 만남이, 그리고 잘 정리해 떠나보냄이 얼마나 감사한지….

"굿바이, 나의 맘속 고향 문산이여."

"굿바이, 내 시리도록 그리운 유년이여."

드라마 「응답하라 1988」 마지막 회 '안녕 나의 청춘, 굿바이 쌍문동'을 본 뒤 내가 SNS에 올린 글이다. 나는 1986년에 대학에 입학해서 그 시대의 풍경을 분명하게 기억하고 있는 데다 주인공들이 겪는 갖가지 상황이 내가 겪었던 그것과 너무나도 비슷해서 몰입해서 봤다.

수업료를 날짜에 맞춰 가져가지 못했던 나, 도시락 뚜껑을 열 때마다 초라한 반찬에 친구들 앞에서 부끄러웠던 나…. 나는 그 시절의 나를 부끄럽고 수치스럽게 여기고 있었다.

하지만 쌍문동 덕선이는 달랐다. 좁디좁은 지하 셋방과 엄마들이 수다 떨며 콩나물을 다듬던 골목은 덕선이의 기억 속에 따뜻하게 자리 잡고 있었다. 덕선이에게 쌍문동은 수많은 추억이 쌓여 있는 애틋한 공간이자 다시 가고 싶은 곳이다. 나는 그 점이 너무나 부러웠다.

그 시절의
나를
기억하고 싶지 않았다

내가 어릴 적 살았던 동네 문산 선유리는 내게 그런 곳이 되지 못했다. 내가 기억에서 잘라내고 삶에서 버려둔 공간이었기 때문이다. 나는 그조차도 드라마를 통해 깨달았다. 자신의 성장 공간을 추억하는 덕선이의 내레이션을 들으며 나는 얼마나 많은 눈물을 흘렸는지 모른다.

그다음 날, 내가 자란 동네를 찾아갔다. 경기도 파주군 문산읍 선유리! "저 선유리 살아요"라고 소개를 해도 사람들은 "응, 그래. 너 창골 사는 구나"라고 명료하게 되짚어 주던 마을. 창녀들이 산다는 뜻에서 창골이라 불렸던 작은 마을.

그 시절 우리 가족은 구멍가게를 하며 가게에 딸린 조그만 방에서 살았다. 우리 가게의 주 고객은 미군들을 상대하는 일명 '양색시'들이었다. 그 언니들이 얼마나 순박한지 뻔히 알면서도 나는 왠지 모르게 부끄러웠다. 사창가가 있는 마을에서 산다는 사실이 왜 그리 수치스러웠는지 모르겠다. 그래서 나는 일부러 그곳을 잊었다. '해리성 기억상실'이 무의식의 명령에 의해 자기도 모르게 기억의 일부분을 잃어버리는 장애라면 나는 의식적으로 창골에서 보낸 시간을 내 삶에서 뜯어내 외면하고 있었던 셈이다.

다시 찾은 창골, 이제는 너무나 달라진 그곳에서 나는 꼭꼭 감추고 숨겨두었던 기억들을 하나하나 꺼내보았다. 사창가가 있는 쪽으로는 눈도 돌리지 않으려 했고, 이곳에 산다는 사실을 들킬까 조마조마하며 학교생활을 했던 초등생의 뒷모습, 이 동네를 반드시 벗어나리라 다짐하고 이를 악물고 공부하기 위해 타던 서울행 새벽 기차, 중학교에 간 뒤로는 내가 어디서 자랐는지 누구에게도 이야기하지 않았던 기억.

청소년기의 나는 그렇다 쳐도 대학 때의 나는 참 어리석고 이율배반적이었다. 학생운동을 한다며 동분서주했으면서도 그 옛날 가난으로 인해 사창가로 내몰린 여성들을 사회적 약자로 바라보지 않았으니. 창골은 그들의 남루한 삶의 터전이었고 마지막 보루였음을, 나는 알면서도 모르는 척하려고 했다. 함부로 그 삶을 재단하고 심지어 불결한 것으로 치부하기도 했다. 나는 내가 사는 동네를 수치스러워하였으나 사실은 그런 내 모습이야말로 수치스러운 것이었다. 너무나 긴 세월 동안 나는 나를 기만했다는 생각이 든다.

수치심,
비밀스런
살인자

내가 창골에서의 기억을 애써 잊었듯 대개 남들에게 이야기하기 힘들 만큼 수치스러운 자신의 모습을 외면한다. 그것을 정면으로 바라보는 것은 두렵고 힘든 일이다.

'의식 지도'의 창시자인 정신과 의사 데이비드 호킨스 David Hawkins는 저서 『의식 혁명』을 통해 인간은 저마다 의식 수준이 다르며, 그것에 따라 사람의 생각과 언행이 달라진다고 주장했다. 그는 의식 수준을 18단계로 구분했는데 그중 가장 아랫단계가 바로 '수치심'이다. 그에 따르면 수치심은 죽음과 맞닿은 밑바닥의 감정이며, 불안과 분노, 공포, 두려움 등은 모두 수치심을 기반으로 한 감정이다. 때문에 무언가를 해보고자 하는 의욕과 에너지를 잡아당겨 사람이 제 기능을 못하도록 만든다.

그래서일까? 미국의 심리학자 브레네 브라운Brene Brown은 수치심을 '비밀스러운 살인자'라 일컫는다. 수치심은 죄책감과 같이 특정한 행위에 관한 부끄러움이 아니라 존재에 관한 것이다. 즉 수치심이 점점 커지면 결국에는 자신이 잘못된 존재라고 생각하게 된다. 수치스러운 자신의 모습을 어딘가에 드러내면 비난받을 것이라는 생각에 사로잡히기도 한다. 심지어 성적 수치심과 같이 자신의 잘못이 아닌 일조차 마치 자신에게 결점이 있는 것처럼 비칠까 두려워하며 주위의 눈총을 걱정한다. 그래서 자꾸만 움츠러들고 무기력해지는 것이다.

수치심을 줄이는 첫 단계는 수치심을 느끼는 순간을 정확하게 인식하는 것이다. 언제 어떤 이유로 얼굴이 확 달아오르는지, 스스로 무엇이 드러날까 두려워하는지 알아야 한다. 그럴 때 대개는 먼저 도망갈 구멍부터 찾는다. 회피는 불편한 마음을 없애는 가장 빠르고 쉬운 방법이기 때문이다. 똑바로 바라보기가 두렵다는 이유로 외면하고 숨기거나 미화시키면 수치심은 의식의 심연에 무겁게 깔린 채 마치 블랙홀처럼 긍정적인 감정들을 삼켜버린다.

상담을 위해 나를 찾은 내담자들은 대부분 보통 사람들보다 심한 수치심을 가지고 있다. 스스로 감정을 통제하지 못하고 타인의 도움을 받아야 한다는 사실에서 그들은 이미 수치심을 느낀다. 이는 자신의 마음을 솔직하게 털어놓지 못하게 하는 큰 요인이기도 하다.

유혹을 물리치게 하는, 그 한 사람을 가졌는가

수치심을 극복하는 데 도움이 될 만한 책으로 『어느 작은 사건』(루쉰 글·이담 그림/두레아이들)을 추천하고 싶다. 중국 현대문학의 선구자 루쉰의 단편소설에 그림을 넣어 만든 이 책은 제목처럼 단순한 하나의 사건을 보여준다. 격변기 중국에서 일어난 다양한 사건으로 인해 인간을 하등한 존재라며 깔보게 된 주인공은 어느 날 일터로 가기 위해 인력거에 몸을 싣는다.

도착지에 다 왔을 무렵, 남루한 차림의 한 노인이 인력거의 긴 나무 손잡이에 옷이 걸려 넘어지고, 인력거꾼은 곧바로 발길을 멈춘다. 주인공은 노인이 다친 곳이 없어 보이니 그냥 가자고 인력거꾼을 재촉하지만 인력거꾼은 들은 체도 하지 않는다.

나를 더 아끼고 사랑하는 법

『어느 작은 사건』
루쉰 글·이담 그림/두레아이들

보는 사람도 없는데 괜한 일로 갈 길을 늦춘다며 속으로 투덜대는 주인공을 뒤로 한 채 노인을 일으키고 부축해 천천히 걸을 뿐이다. 그가 향한 곳은 바로 앞에 있는 작은 파출소였다.

주인공은 인력거꾼의 모습에 큰 충격을 받는다. 보잘것없는 사람이라 생각한 인력거꾼의 뒷모습이 주인공의 눈에 갑자기 크게 보이는가 싶더니 그가 한 걸음 한 걸음 내딛을 때마다 점점 커진다. 마침내 인력거꾼의 그림자는 수치심으로 인해 스스로 작아져만 가는 주인공과 대비되어 그를 억누르는 듯 거대해진다. 주인공의 심정을 시각화한 이 장면은 이 책의 묘미라 할 수 있다.

주인공은 스스로를 책망하는 한편, 그때껏 인간에 대해 비관적이고 부정적인 생각만 했던 점을 반성한다. 거기에서 그치지 않고 인력거꾼에게 조금이나마 도움이 되고자 애쓴다. 만일 그가 "그래도 그 노인은 분명 엄살이었어."라거나 "한시가 바쁜 와중에 그런 일이 일어났으니 누구라도 나처럼 했을 거

103

야."라는 식으로 자신의 생각과 행동을 합리화하며 무마하기 급급했다면 수치심은 내내 마음에 남았을 것이다. 그러나 그는 그날의 사건을 되새기며 조금씩 성장하게 된다. 그날의 부끄러움이 오히려 용기와 희망을 북돋워준다고 고백하면서.

자기 안의 가장 부끄러운 부분을 인정하고 드러낸다는 것은 정말 어려운 일이다. 책 속 주인공이 겪은 아주 작은 사건처럼, 또는 나를 문산으로 향하게 만든 드라마처럼 사소한 계기라도 생겨 모든 사람이 자기 마음속 가장 밑바닥을 다시 한 번 바라볼 수 있게 된다면 좋겠다.

살아생전 쌍문동에 마지막 둥지를 틀었던 함석헌 시인의 시 「그 사람을 그대는 가졌는가」가 떠오른다. 나는 그 시를 좋아한다. 특히 마지막 연이 아주 좋다.

온 세상의 찬성보다도
'아니' 하고 가만히 머리 흔들 그 한 얼굴 생각에
알뜰한 유혹을 물리치게 되는
그 사람을 그대는 가졌는가

시인이 이야기하는 한 얼굴, 알뜰한 유혹을 물리치게 하는 사람이란 바로 『어느 작은 사건』의 인력거꾼과 같은 이가 아닐까.

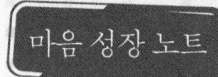

1) 다른 사람에게는 대수롭지 않은 일이 내게 수치스럽게 느껴진 경험이 있는가. 무엇이 그렇게 느끼게 했을까.

2) 점점 커지는 인력거꾼의 뒷모습을 보고 떠오른 사람이 있는가.

3) 인력거꾼의 행동을 통해 깨달은 바를 가슴에 담고 사는 주인공에게 하고 싶은 말이 있다면?

함께 읽으면 좋은 책

『**그림자는 어디로 갔을까?**』(이주희/한림출판사)
『**사자가 작아졌어**』(정성훈/비룡소)
『**물냉이**』(안드레아 왕 글·제이슨 친 그림/다산기획)

부족한 나를
인정하는
힘

직면하는 용기

용기란 무엇일까? 이런 질문을 하면 사람들은 대개 위험한 일에 도전하는 정신이라든지 두려운 일에도 씩씩하게 임하는 자세 등을 떠올린다. 하지만 내가 생각하는 진정한 용기는 좀 다르다. 실패라는 결과 앞에서 두려워 도망가지 않는 것, 즉 마주 보고 끌어안는 것을 의미한다.

흔히 용기가 있다고 하는 사람들은 자신의 실패 가능성을 염두에 두지 않는다. 무엇이든 성공할 것이라는 자신감이 있기에 쉽게 용기를 낸다. 따라서 기대와 달리 실패하거나 그 결과가 초라할 땐 쉽게 좌절하기도 한다. 그런 경험이 차곡차곡 쌓이면 어느덧 용기는커녕 어렵지 않은 일도 간단히 포기해버리는 사람이 되고 만다. 실패를 받아들이고 실패한 자신도 수용할 수 있는 사람이야말로 어떤 상황에서도 스스로를 내던지는 힘을 발휘한다.

언젠가 가까운 지인에게서 재미있는 이야기를 들은 적이 있다. 오십 줄에 접어든 그분은 음악에 전혀 취미가 없는 사람이었는데, 자신에게는 그럴 만한 이유가 있다며 과거의 기억을 더듬었다. 나 또한 그분의 말을 따라가다 보니 아주 오래 전의 그 장면이 눈앞에 보이는 듯했다.

40년이 흘러도
사라지지 않는
기억과 상흔

한 남자아이가 공책에 무엇인가를 열심히 끄적거리고 있다. 고만고만한 아이들이 가득한 교실 안이었고, 음악시간이었다. 아이는 선생님의 지시에 따라 음표를 그리는 중이었다.

"다 그린 사람?"

무서운 남자 선생님이 크고 강압적인 목소리로 물었다. 아무도 손을 들지 않자 아이는 용기를 내서 손을 번쩍 들고는

"저요!" 하고 외쳤다. 선생님이 칭찬을 해주시겠지, 하는 은근한 기대감을 품은 채.

아이의 공책을 살펴본 선생님의 반응은 예상과 전혀 달랐다.

"음악의 '음' 자도 모르는 한심한 놈아! 오선지 위에 콩나물대가리만 그리면 악보인 줄 알아?"

그러고선 공책으로 아이의 정수리를 세 번 내리쳤다. 반 친구들의 시선이 아이에게 쏠렸다. 평소 손꼽히는 우등생이었던 아이의 얼굴은 부끄러움으로 벌겋게 달아올랐다.

아이는 억울하고 의아했다. 그게 무엇인지 정확히 알 수 없지만 가슴속에서 뜨거운 감정이 올라오는 느낌이었다. '왜 저를 때리신 거예요?' 하고 묻고 싶었지만 용기가 나지 않았다. 그렇게 물어보았다가 더 혼나기라도 하면 어쩌나 겁이 났던 것이다.

자신이 맞은 이유조차 몰랐던 아이는 나중에야 오선지 위 음표 위치에 따라 계이름이 달라진다는 사실을 알았다. 당시 선생님은 그것을 가르쳐주지 않은 채 교과서에 있는 악보를 그대로 옮기라고만 했고, 아이는 나름대로 따라 그렸으나 계이름이 제대로 맞지 않았던 것이다. 아무튼 그 이후로 아이는 음악을 무척 싫어하게 됐다. 다른 과목 시간에도 답이 틀릴까봐 이전처럼 손 들고 발표하기를 꺼렸다.

"아직도 가끔 그때 생각이 나요. 그냥 선생님한테 솔직하게 물어볼 걸 그랬나 싶어요. 내가 왜 맞아야 하는지 설명해달라고요."

40년 가까운 시간이 흘렀고 그 시절의 상처가 남아 있는 것은 아니지만 그분은 여전히 가끔씩 그 장면이 떠오른다고 한다. 만일 자기가 그렇게 물었다면 선생님은 본인의 실수를 깨닫고 조금이나마 당황을 했을지, 아니면 아이의 당돌함에 도리어 더 화를 냈을지 궁금하단다.

이야기를 들은 나는 나중에 그분을 다시 만났을 때 『블랙독』(레비 핀폴드 글·그림/북스토리아이)이라는 그림책 한 권을 선물했다. 그는 내 앞에서 책을 금세 읽더니 껄껄 웃으며 이렇게 말했다.

"역시 선생님한테 물어볼 걸 그랬어요. 그래서 몇 대 더 맞았더라도 내 속은 시원했을 텐데. 그렇게 했더라면 지금처럼 쓰린 기억으로 남아 있지 않고 곧 잊어버렸을 거예요."

『블랙 독』은 어느 날 아침 호프 아저씨네 집 앞에 검은 개 한 마리가 나타나면서 벌어지는 이야기다. 검은 개를 처음 발견한 호프 씨는 호랑이만 한 검둥개가 나타났다고 호들갑을 떨며 경찰에 신고를 한다. 뒤이어 창문 밖을 바라본 아내는 그 검둥개가 코끼리만 하다고 표현하고, 딸은 검둥개를 공룡 티라노사우르스에, 아들은 어린이 TV 프로그램에 나오는 털북숭

『블랙 독』
레비 핀폴드 글·그림/북스토리아이

이 괴물에 비유한다. 호프 씨네 가족은 커다란 검은 개에게 들키지 않으려고 불을 다 끄고, 커튼을 닫고, 이불 밑에 숨은 채로 덜덜 떤다.

검은 개의 크기는 그 개를 본 사람의 마음속 공포감을 나타낸다. 검은 개에 관한 이야기를 들으면 들을수록 두려움은 커지고 그리하여 나중에 본 사람일수록 개를 더욱 더 크고 무서운 존재로 표현하게 된다. 그런데 단 한 사람, 막내 '꼬맹이' 만은 검둥개 이야기를 듣고 다짜고짜 현관문을 연다. 그러다 잡아먹히고 말 거라는 가족들의 만류에도 불구하고 개를 보겠다며 나간 것이다.

꼬맹이는 집채만큼 커다란 검은 개에게 자신을 따라오라고 노래를 부르면서 이곳저곳을 달리기 시작한다. 꼬맹이와 함께 나뭇가지 밑, 꽁꽁 언 연못, 놀이터를 지나는 동안 검은 개의 몸집은 점점 줄어들고, 마침내 고양이 문을 통과할 정도로 작아져 호프 씨네 집으로 들어온다. 멀쩡하게 돌아온 꼬맹이를 보고 놀란 가족들은 자신들이 봤을 때와 달리 어마어마하게 크지도, 무시무시하지도 않은 검은 개를 보며 또 한 번 놀란다.

책 속의 꼬맹이는 집 안에서 검둥개를 살펴보기만 하는 다른 가족들과 달리 집 밖으로 나간다. 검둥개의 모습이나 성질이 자신의 예상과 다를지도 모르지만, 만나보지도 않고 짐작만으로 회피하는 대신 직접 대면하는 쪽을 택한다. 용감하게 나선 덕분에 따뜻한 친구를 얻어 돌아온 꼬맹이를 가족들은 칭찬한다.

세상 어디에도 완벽한 인간은 없다

'블랙 독'은 반드시 마주해야 할 무언가를 상징한다. 그 내용은 저마다 다를 것이다. 오랜 시간 가지고 있는 걱정거리일 수도 있고, 풀기 어려운 갈등 혹은 도전해야만 하는 과제일 수도 있다.

분명한 것은 많은 사람이 호프 씨네 가족과 같이 블랙 독을 만나지 않으려 한다는 사실이다. 그들은 블랙 독을 만나는 일이 너무 위험하다는 핑계로 숨거나, 그 일을 한없이 미루거나, 이예 도망쳐버린다. 인생에 있어서 반드시 넘어야 할 산을 넘지 못하고 머뭇거리고 있는 사람이 꽤 많다. 저 산을 넘으면 어떤 변화가 있을지 잘 알면서도 발걸음을 떼지 못한다. 왜 그럴까? 한없이 작고 초라하며 무력한 자신을 마주할까봐 겁이 나는 것이다.

인간은 누구나 '내가 원하는 모습의 나'만을 보고 싶어 한다. 멋지고 똑똑한 나, 너그럽고 상냥한 나, 선한 마음을 가진 나…. 그러나 완벽한 인간은 세상 어디에도 없다. 누구에게나 '부족한 나'의 모습이 반드시 있게 마련이다. 속 좁은 나, 부끄러운 생각과 행동을 하는 나, 아는 척하고 싶고 잘나 보이고 싶은 나…. 그런 '나'를 바라보는 일은 고통스럽다.

하지만 인생에는 자신의 모든 모습을 인정하고 받아들이는 숙명적인 시간이 필요하다. '직면'은 아기가 태어나 자라서 어른이 되고 나이가 들어가는 동안 이루어야 할 자연스러운 과업이다. 그럼에도 불구하고 이를 부정하는 사람들이 있다. 한 해, 두 해 부정의 시간이 길어질수록 스스로의 모습을 정확히 보지 못하고 그로 인한 불안은 블랙 독처럼 커져만 간다.

결국 어른다움이란 '괜찮은 나'와 '부족한 나'를 모두 나로 인정하고 통합하는 것이다. '괜찮은 나'만 앞장세우거나 '부족한 나'에 집중해 절망한다면 '진짜 나'를 알지 못한다. 내가 나를 모르는데 어떻게 내 문제를 해결하고 내 인생을 관리하겠는가. 정신은 아이의 단계에 멈춘 채 몸만 자란 사람이 많은 까닭이 바로 여기에 있는 것이 아닐까.

꼬맹이가 "에이!"라는 말 한마디를 남기고 검둥개를 보기 위해 나간 것처럼 '뭐 어때!'라는 마음가짐으로 자기 앞의 문제를, 그리고 그 앞의 자기 자신을 바라보자. 꼬맹이가 사나울 줄 알았던 검둥개와 신나게 놀았듯이 막상 부딪치고 나면 아무것도 아닐지 모른다. 아니, 힘든 일이라 한들 이전까지 상상 속에서 부풀려온 만큼은 아니리라.

앞에서 나는 실패를 마주 보고 끌어안는 것이 진정한 용기라고 이야기했다. 실패마저 수용할 수 있을 때 용기를 낼 수 있는 것처럼 부족한 나를 직면할 때야말로 비로소 삶을 헤쳐 나갈 용기가 생길 것이다.

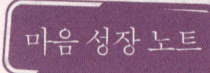

1) 당신의 '블랙 독'은 무엇인가.

2) 그 블랙 독을 마주하고 내가 취한 태도는?

3) 막내가 블랙 독과 노는 모습에서 당신이 느낀 감정은?

함께 읽으면 좋은 책

『**떨어질까 봐 무서워**』(댄 샌텟/위즈덤하우스)
『**얼굴**』(의자/책고래)
『**마법의 가면**』(스테판 세르방 글·일리아 그린 그림/불광출판사)

손 내밀지 못하는
사람의
슬픔

혼자라는 외로움

 요즘 식당에 가면 혼자 밥을 먹는 사람들을 심심치 않게 본다. 아예 독서실과 같이 칸막이가 있는 식당이 생겼다고 하니 세상이 이전과 달라졌음을 실감하게 된다. 혼밥, 혼술과 같은 새로운 말까지 탄생했다. 신조어가 생겼다는 것은 그 행위를 사회가 낯설지 않게 받아들이고 있다는 사실을 증명한다. 1인가구가 급속도로 늘어난 만큼 혼자서 끼니를 해결하는 사람이 많아지는 현상 또한 당연하다.

혼자 밥을 먹고 혼자 술을 마시는 일이 불행하거나 잘못된 것은 아니다. 다만 본인의 선택이 아니라 내몰려져서 어쩔 수 없이 혼자 밥을 먹고 술을 먹어야 하는 경우가 걱정스럽다. 가족이 없는 사람들, 가족이 있어도 연락이 닿지 않는 사람들, 가족과 스스로 연락을 단절한 사람들, 친구를 사귀지 못하는 사람들, 경제적 어려움으로 인간관계를 포기한 사람들…. 자의 혹은 타의로 고립된 사람들이 그 어느 때보다 많은 시절이다.

작가 세스 고딘Seth Godin은 저서 『이카루스 이야기』에서 "인간은 모두 외롭다"고 말했다. 나도 같은 생각이다. 우리 모두 그럴 것이다. 가족과 친구, 사랑하는 이가 있어도 인간이기에 문득 외롭다. 때로는 일부러 외롭고 싶기도 하다. 누구나 주위 사람들과 잠시 떨어져 있기를 바란 적이 있을 것이다.

그러나 외로움이 길어지거나 깊어지면 사람은 고립감을 느낀다. 고립은 외톨이가 됨을 뜻한다. 곁에 아무도 없다는 생각은 사회적 동물인 인간에게 외로움을 넘어 두려움이 되고 곧 절망이 된다. 그래서 나는 자주 외로운 이들이 걱정되고 고립된 이들이 안타깝다. 뉴스에서 고독사 소식을 접할 때면 아무도 모르게 홀로 숨을 거둔 이들이 느꼈을 지독한 외로움에 내 가슴마저 싸하게 아파 온다.

노인들은 말할 것도 없고 요즘은 중년층, 심지어 젊은이들도 고독사의 위험에 노출되어 있다. 어떤 사람들은 고독사

사건을 두고 "대체 자식들은 뭘 하는 거야?", "저 젊은이는 부모도 없나? 자기 자식이 죽을 때까지 어떻게 모를 수가 있어?"라며 혀를 끌끌 차곤 한다. 사망 사실조차 한참 후에 밝혀지는 경우가 많으니 그들에게는 정말로 가족이 없거나 혹은 있더라도 없는 것처럼 살았을 가능성이 크다.

가족 간의 단절, 분화되지 못한 사람들이 주고받는 상처

가족심리학자 머레이 보웬은 가족 간에 인연을 끊고 사는 현상을 정서적 단절이라 일컫는다. 감정적인 갈등을 해결하지 않고 기피하다가 결국 접촉을 끊어버리는 경우다.

정서적 단절은 결속력을 지나치게 요구하는 가족에게 많이 일어난다. 부모가 자녀에게 과도한 욕망을 투사하고 자식이 다 자란 뒤에도 자기가 원하는 대로 조종하려 할 때, 자녀는 가족으로부터 제대로 분화되지 못한다. 자율적이고 독립적이지 못한 만큼 부모에게 정서적으로 의존하는데, 시간이 지나면 자녀 입장에서도 견디기 힘든 순간이 온다. 하지만 부모를 거역하거나 단호하게 이야기하지 못하고, 부모도 이를 용납하지 않는다. 결국 문제를 해결하는 대신 피하는 쪽을 택하고 피상적인 관계만 유지하거나 아예 왕래를 하지 않게 되는 것이다. 예를 들어 부모의 압박을 이기지 못해 도망치듯 독립한 뒤 전화 통화만 가끔 하면서 지낸다든지, 결혼 후 시댁이나 처가의 간섭에 시달리다가 결국 발길을 끊는 경우도 정서적 단절에 해당한다.

가족과 정서적 단절을 겪은 사람 중 많은 수는 다른 인간관계도 어려워한다. 타인과 원활한 관계를 맺지 못하거나 두꺼운 가면으로 자신을 숨긴 채 거짓자아를 가지고 만나는 식이다. 진실된 관계가 아닌 만큼 그 속에서 다시금 외로움을 느끼고 어느덧 가까운 친구나 이웃 하나 없이 고립되기 쉽다. 거대한 도시에서 수많은 사람과 부대끼며 살아가지만 사실은 혼자인 사람들. 고립은 현대인의 가장 무서운 병 중 하나다.

외로움이
계속되면
병이 난다

그림책의 노벨상이라 불리는 칼데콧 상을 두 번이나 받은 작가 로저 뒤바젱의 작품 『베로니카, 넌 혼자가 아니야』(비룡소 간)는 『베로니카, 넌 특별해』라는 그림책에 등장했던 하마 베로니카가 어느 농장으로 이사를 가면서 펼쳐지는 이야기다.

전 편에서 좌충우돌 소란한 모험을 통해 자신이 특별한 존재임을 깨달은 베로니카는 새로운 거처에 도착한다. 다양

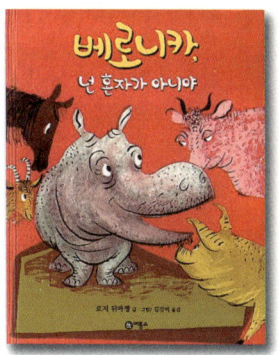 

『베로니카, 넌 혼자가 아니야』 『베로니카, 넌 특별해』
로저 뒤바젱 글·김경미 옮김/비룡소 로저 뒤바젱 글·김경미 옮김/비룡소

한 친구들을 사귈 생각에 잔뜩 기대에 부풀었지만 그것도 잠시, 하마를 본 적이 없는 농장 동물들은 베로니카를 반기지 않는다. 못생기고 이름도 이상한데다가 농장에는 어울리지 않는 동물이라며 경계할 뿐이다. 베로니카는 새 친구들에게 인사를 건네는 순간부터 자신의 존재가 거절당했음을 느낀다.

베로니카를 향한 경계와 따돌림은 계속된다. 밝고 건강했던 베로니카는 점점 모든 일에 흥미를 잃고 식욕마저 잃더니 급기야는 시름시름 앓기 시작한다. 마음의 병이 커지면 몸이 약해지듯 깊이 상심한 나머지 앓아눕고 만 것이다.

다행히도 농장 동물들은 집 밖으로 나오지 않는 베로니카에게 무슨 일이 생겼는지 궁금해 한다. 문틈으로, 창문으로, 고양이 구멍으로 베로니카를 살펴보고는 마른 풀과 옥수수 등

먹을거리를 슬쩍 놓아두고 오기도 한다. 이제 동물들은 베로니카가 눈을 뜰 때마다, 조금씩 말을 하고 음식을 먹을 때마다 함께 그 소식을 나누며 기뻐한다.

　마침내 베로니카가 기운을 차리고 집밖으로 나온 날, 동물들은 누가 먼저랄 것도 없이 달려가 따뜻한 인사를 건넨다. 베로니카에 대한 동물들의 인식은 완전히 달라진다. 낯설고 두려운 존재였을 때는 이상했던 베로니카의 얼굴과 이름, 행동이 친해지고 난 뒤에는 예쁘고 상냥하게 보인다.

　농장 동물들이 베로니카에게 그랬던 것처럼 외로운 이에게 "넌 혼자가 아니야."라고 말해줄 사람들이 많다면 얼마나 좋을까. 가족과 이웃, 친구로부터 단절된 채 혼자서 오롯이 삶의 풍파를 견디고 있는 사람들에게 그 흔한 말 한 마디가 얼마나 큰 힘이 될는지.

　언젠가 고립과 질병의 상관관계에 대한 다큐멘터리를 본 적이 있다. 오랜 시간을 혼자 보내다 보면 우리의 뇌는 인지 능력이 떨어지고 차츰 멍해진다고 한다. 혼자 살면 움직임이 적어지고 스트레스는 높아지며 사회적 관계가 부족할수록 정신 건강에 안 좋을 뿐 아니라 질병, 사망률이 높아진다는 사실이 여러 연구를 통해 밝혀졌다.

　외로움이 계속되면 병을 부른다. 치유할 수 있는 유일한 방법은 결국 다른 사람과 더불어 사는 것이다. 고립으로 인해 생긴 베로니카의 병이 농장 친구들과 어울리면서 씻은 듯 나은 것은 결코 근거 없는 이야기가 아니다.

기다리지 말고
움직여라

기업 강연이나 집단 상담을 진행하다 보면 동료들과 잘 어울리지 못해 고민하는 사람들을 종종 만난다. 30대 중반인 P는 아침마다 스스로와 전쟁을 치른다고 이야기했다. 출근을 할까, 아니면 가지 말고 사표를 써버릴까 하는 내적 갈등 탓이었다. 물론 그런 생각을 안 해본 직장인은 거의 없겠지만 그의 경우는 조금 달랐다. 대개는 성과에 대한 압박이나 회사에서 받는 대우, 지나치게 까다로운 상사로 인해 괴로워한다. 반면 P에게는 동료들과의 데면데면한 관계가 가장 큰 스트레스였다. 일에 있어서는 꽤 인정을 받는다고 했다.

"하루 중 대부분의 시간을 회사에서 보내는데 같이 커피 한잔 마실 사람이 없네요."

P는 자신이 회사에서 주목받고 있고, 그로 인해 대부분 자신을 시기하거나 불편하게 여긴다고 생각했다. 자존심이 센 그는 팀원들 사이에 끼려 하지 않았다. 다들 우스갯소리를 나눌 때도 조용히 앉아 업무만 볼 뿐이었다.

"처음에는 대수롭지 않게 생각했어요. 윗분들에게는 제

평판이 좋거든요. 그런데 팀원들과의 관계는 별개잖아요. 퇴근하고 나면 집에 혼자 앉아서 텔레비전을 보다가 자는데, 가끔은 사무치게 허전하더라고요."

사랑도 받고 싶은 대상이 따로 있는 법이다. 만일 베로니카에게 "친구가 좀 없으면 어때, 농장 주인은 너를 무척 예뻐하잖아."라고 한들 위로가 되었을까? 베로니카가 그러했듯 P 또한 또래 소속감을 원했다. 조직의 한 구성원으로서 동료들과 함께하고 싶었던 것이다.

나는 P에게 기다리지 말고 움직일 것을 권했다. 혼자 외로움을 견디려 한다면 외로움을 극복할 수 없다. 동료들이 다가오지 않을 때는 먼저 다가가야 할 것이다. 그러기 위해서는 자신이 타인에게 미움 받을지도 모른다는 불안을 버려야 하고, 타인이 자신을 배척하고 있다는 불신을 버려야 한다. 대신 타인에게 자신을 진솔하게 내보일 수 있는 용기를 가져야 하며, 힘들 때 의지할 수 있는 사람이 필요한 만큼 자신 또한 타인에게 그런 사람이 되려는 노력이 필요하다. 상황이 바뀌지 않으면 상황을 바꾸는 것밖에 방법이 없다.

P는 자신의 행동양식을 아주 작은 것부터 바꾸기 시작했다. 팀원들과 마주치면 목례 대신 인사말을 건넸다. 재미있는 농담이 한창일 땐 끼어들지 못해도 같이 웃었다. 별 내용은 없어도 다른 사람과 오가는 말이 조금씩 늘어났다. 옆자리 동료

에게 사소한 고민을 털어놓으니 "대리님도 그런 걱정을 하세요?" 하며 술술 이야기가 진행되었다. 나중에야 알았지만 모두들 P를 쌀쌀맞은 워커홀릭으로 생각해 그동안 말도 붙이기 힘들어하고 술자리를 권하지도 못했더란다. 그제야 P는 타인이 자신을 배척한 것이 아니라 오히려 그 반대였음을 깨달았다. 직장에서는 절대 속을 내보이면 안 된다는 생각에 스스로를 고립시켰던 것이다.

사람은 다른 사람들 사이에서 존재한다. 누구나 완전히 혼자일 수는 없다. 그래서 외로움은 각자의 문제가 아니고 우리 모두의 문제다. 나는 모두에게 꼭 이야기하고 싶다. 누군가 외로워한다면 손을 내밀어보라고. 또한 외로울 때 누군가 손을 내민다면 그 손을 잡으라고.

갇혔던 베로니카가 그랬듯 자신에게 다가오는 이들에게 마음을 열 수 있으면 좋겠다. 다시 세상으로 나갈 수 있다고 믿었으면 좋겠다.

인간은 모두 외롭다고 했던 세스 고딘은 바로 뒤에 이런 말을 덧붙였다. "연결하라." 그러니 모든 인연의 끈을 함부로 놓지 않기를. 세상의 모든 외로운 이들에게 감히, 그리고 간절히 바란다.

1) 베로니카가 농장에 처음 왔을 때처럼 나만 혼자라고 느낀 적이 있는가.

2) 차라리 혼자 있는 게 편해서 외로움을 자처한 경험이 있는가.

3) 외로움과 편함 사이에서 어디에 더 가치를 두어야 하는지 생각해보자.

함께 읽으면 좋은 책

『있잖아, 누구씨』(정미진 글·김고둥 그림/엣눈북스)
『코끼리에게 필요한 것은?』(나딘 로베르 글·발레리오 비달리 그림/달리)
『한 외로움이 다른 외로움에게』(나탈디 비스 글·쥘리에트 라그랑주 그림/책읽는곰)

이제 좀
그 생각에서
놓여나고 싶어요

강박장애

알람을 계속해서 다시 맞춘 적이 있는가? 어떤 물건이 제자리에 있지 않으면 마음이 불편한가? 가스밸브를 잠그고 나서도 잠겨 있는지 자꾸 확인하는가? 많은 사람들이 드나드는 문의 손잡이를 만지고 나면 손이 더러워진 것 같은가? 집에 있는 물건을 절대 버리지 못하는가? 불길한 생각이 자꾸 떠올라 잠이 오지 않는가?

    이와 같은 증상은 모두 일종의 강박장애다. 강박장애가

있는 사람은 특정한 생각에 시달리거나 그 생각을 머릿속에서 지우기 위해 같은 행동을 반복한다. 대표적인 강박 행동은 청결, 반복, 정렬, 저장 등이다. 지나치게 자주 씻거나 청소를 하는 행동, 이미 한 일을 자꾸만 반복하거나 반복해서 확인하는 행동, 물건을 정해진 자리에 두고 자신만의 규칙에 따라 배열하는 행동, 물건을 버리지 못하고 자꾸만 모으는 행동이 여기에 해당된다.

'장애'라는 말이 심각하고 거북하게 들리지만, 정도가 다를 뿐 강박장애를 가진 사람은 흔하다. 대표적으로는 다양한 징크스를 가진 운동선수들을 꼽을 수 있다. 타석에 들어서면 마치 의식처럼 항상 똑같은 행동을 하는 야구선수도 있고, 경기 전 운동화 끈을 반드시 오른발부터 묶는다는 농구선수도 있다. 그래야만 안타를 칠 수 있을 것 같은 느낌, 왼쪽 운동화 끈부터 묶으면 경기에 질 것 같은 느낌 때문이다.

강박장애의 가장 큰 심리적 원인은 불안이다. 알람을 수십 번씩 다시 맞추는 이유는 알람이 울리지 않아 다음 날 회사에 지각하게 될까봐 불안해서이고, 가스밸브를 잠근 뒤에도 자꾸 확인하는 것은 가스가 새서 큰 사고가 날까봐 걱정하는 까닭이다. 다른 사람에게는 의미가 없어 보이는 음료수병 줄 세우기, 쓸모없는 물건을 주워와 쌓아두는 행동도 당사자에게는 불안을 없애는 방법이다.

보통은 지나치게 깔끔하거나 피곤한 사람 정도로 취급받지만, 강박장애가 심하면 평범한 생활을 하기가 불가능해지고 가족이나 이웃에게 피해를 끼치는 지경에까지 이른다. 청결 강박으로 어린 자녀의 피부가 벗겨질 정도로 씻기는 엄마, 저장 강박 때문에 집이 쓰레기장처럼 변했는데도 물건을 버리지 못하고 생활하는 노인 등이 대표적인 사례다.

보는 사람들은 도대체 왜 저러는지, 어째서 고치지 못하는지 의아해하지만, 당사자는 입장이 다르다. 강박장애를 앓는 사람 자신도 괴로워하며, 달라지기를 원한다. 하지만 자신의 행동을 스스로 통제할 수 없다. 뿐만 아니라 그 행동을 반복함으로써 자기 의지와 달리 자꾸만 떠오르는 불안을 떨쳐낼 수 있으니 더욱 의지하게 된다. 따라서 남들이 생각하는 것처럼 쉽게 끊을 수가 없는 것이다.

언젠가 숫자를 세면서 손을 끊임없이 씻는 여성을 텔레비전에서 본 적이 있다. 그녀는 자기도 그만 수돗물을 끄고 싶다며 눈물을 흘렸다. 눈물을 흘리면서도 수돗물을 끄지 못하고 몇 번이나 다시 숫자를 세며 손을 씻고 있었다. 그 장면이 아직도 잊히지 않는다.

내가 무슨 짓을
저지를지 모른다는
불안감

몇 해 전 상담을 통해 만난 내담자 L이 떠오른다. 그는 취업준비생이었다. 처음 상담을 한 뒤 헤어지는데 L의 걸음걸이가 심상치 않음을 느꼈다. 땅을 보며 걸어가는 그의 모습이 어딘가 어색했다. 그는 보도블록의 경계선, 즉 금을 밟지 않으려고 애를 쓰며 마치 징검다리를 건너듯 걷고 있었다. 나는 그를 유심히 보며 저 사람을 어찌해야 할까 고민했다.

알고 보니 L은 학창시절 친구들에게 따돌림을 당한 경험이 있었고, 그들을 죽이고 싶다는 생각을 하기도 했다. L은 잠자기가 두렵다고 했다. 잠을 자면 죽이고 싶은 이들을 꿈속에서 만나고, 끔찍한 짓을 저지르기도 한다고. 때로는 실제로 그런 짓을 저지를 것만 같아 무섭다고, 그는 말했다.

꿈은 의식이 헐거워진 틈을 타서 올라오는 억압된 무의식이기도 하다. 말 그대로 L은 학창시절 친구들을 죽이고 싶다는 생각을 억누른 채 살고 있는 셈이었다. 길을 가다 우연히 그 친구들 중 하나를 만나면 자기도 모르게 달려들지도 모른다는 생각, 주변에 있는 돌을 들어 그의 머리를 치는 상상을 하는 자신이 너무나 불안했다. 그 불안을 억누르기 위해 금을 밟지 않고 걷거나 펜을 똑바로 줄지어 놓는 강박 행동이 나타난 것이다.

그러던 어느 날, 상담 시간에 L이 꿈속에서 수십 개의 장독을 깼다며 찜찜해했다.

"이것도 무엇이든 파괴하고 싶은 제 무의식일까요?"

나는 이렇게 묻는 그를 데리고 드럼 연습실을 찾았다. 가슴속에 쌓여 있는 감정을 발산시키려는 의도였다. 이후로도 마구 때리고 두드리는 활동을 권했더니 L은 난타를 배우기 시작했다. 그리고 나와 함께 걸을 때는 항상 보도블록 경계선을 밟게끔 했다. 강박 행동을 고치는 방법 중 하나는 자신이 정해둔 틀을 깨도록 하는 것이다. 그 틀을 깨도 아무 일도 일어나지 않는다는 것을 보여주기 위해서다. 그리고 나는 L에게『규칙이 있는 집』(맥 바넷 글·매트 마이어스 그림/주니어RHK)이라는 그림책을 보여주었다. 강박에 시달리는 이들에게 내가 항상 추천하는 책이다.

규칙을
깨야 할 때가
있다

『규칙이 있는 집』의 주인공은 여느 남매처럼 티격태격하는 누나와 동생이다. 동생 이안은 늘 규칙을 지킨다. 규칙이란 꼭 지켜야 하는 것이라 믿는, 일종의 강박을 가진 아이이기도 하다. 아빠, 누나와 함께 숲속 통나무집으로 놀러 가면서도 이안은 '언제나 칫솔을 챙길 것'이라는 규칙을 잊지 않는다. 반대

『규칙이 있는 집』
맥 바넷 글·매트 마이어스 그림/주니어RHK

로 누나 제니는 절대 규칙을 지키지 않는 아이다. 규칙을 지키는 이안을 "답답이"라고 놀리기도 한다.

　세 사람이 도착한 숲속 통나무집의 벽에는 네 가지 규칙이 적혀 있다. 진흙 묻은 신발은 밖에서 벗고 들어올 것, 욕조를 쓴 뒤 배수구를 청소할 것, 땔감을 다 쓰면 채워 놓을 것, 빨간색 문을 절대로 열지 말 것. 규칙이 있다는 것에 즐거워하는 이안과 그런 동생을 비웃는 제니. 아빠와 함께 숲에서 즐거운 시간을 보내는 동안에도 두 사람은 딴판이다. 이안은 하이킹 중에도 지도에 표시된 길에서 벗어나지 않고, 음식을 먹은 뒤 한 시간이 지나지 않으면 물에 들어가지 않는다. 자기 키보다 큰 나뭇가지에 올라가면 안 된다는 규칙도 지킨다.

　이런 이안의 눈에 제니의 행동은 심하게 거슬린다. 누나 제니는 곰 가죽 러그에 진흙 발자국을 잔뜩 남기고 배수구에 쌓인 머리카락을 치우지 않는다. 벽난로에 있는 땔감을 다 쓴 뒤에도 채우지 않는다. 규칙을 벌써 세 개나 어겼다며 화를 내는 이안에게 제니는 나머지 규칙도 어길 거라고 엄포를 놓은 뒤 빨간색 문을 열어버린다.

그날 밤, 누군가 남매가 자고 있는 침실 문을 두드린다. 공포에 떠는 아이들 앞에 나타난 것은 괴물로 변한 곰 가죽 러그와 욕조, 난로다. 괴물들은 규칙을 어긴 아이를 잡아먹겠다며 제니에게 다가가고, 이안은 그 급박한 순간에도 칫솔을 쥔 채 밖으로 달아난다. 언제나 칫솔을 챙기는 게 규칙이니까!

쌤통이라고 생각하면서도 마음이 불편한 이안. 괴물로부터 누나를 구해야 한다는 규칙은 없지만 어쩐지 그렇게 해야 될 것 같다고 생각한다. 결국 이안은 용기를 내서 통나무집 안으로 달려 들어간다. 이안은 괴물들에게 누나를 먹기 전에 자기부터 잡아먹으라고 소리친다. 괴물들은 맹랑한 꼬마에게 다가가고, 겁이 난 이안은 손에 쥔 칫솔을 휘두른다. 어리둥절해진 괴물들이 칫솔이 뭐냐고 묻자, 이안은 웃음을 터뜨린다. "칫솔이 없다면 너희 모두 규칙을 어긴 거야!" 이안의 말에 괴물들은 규칙을 어긴 자신들은 이제 어떻게 되는 거냐며 허둥지둥한다. 이안은 순간 갈등한다. '거짓말하지 말 것'이야말로 무척 중요한 규칙이라는 아빠의 말이 떠올랐기 때문이다. 하지만 이안은 거짓말로 위기를 모면하고 누나를 구해낸다.

규칙에 대한 강박이 있는 아이가 규칙을 어기고 거짓말을 하기란 무척 힘들었을 것이다. 그럼에도 이안이 자신을 옴짝달싹 못하게 하는 강박의 틀을 깨버렸다는 점에 우리는 주목해야 한다. 그것은 강박 행동을 일으키는 원인보다 더욱 중요하고 강력한 '필요'에 의한 것임을 이 책은 보여주고 있다.

새로운 습관을 만드는 21일의 법칙

봉준호 감독의 유명한 영화 「괴물」에도 이안과 비슷한 캐릭터가 있다. 배우 배두나 씨가 연기한 '남주'는 국가대표 양궁 선수다. 뛰어난 실력을 가지고 있지만 항상 마지막 화살을 쏘지 못해 금메달을 놓친다. 아마도 최초에 일어난 한 번의 실수가 그런 강박을 만들어냈을 것이다. 그 사건 이후로 '이번에도 그러면 어쩌지?'라는 생각이 들면서 또다시 마지막 화살을 쏘지 못했을 것이고, 그러한 과정이 하나의 패턴이 되어 실패회로가 만들어졌으리라. 이렇게 되면 실패회로를 끊어내는 것이 쉽지 않다. '난 못해. 역시 안 될 거야.' 하며 상황을 회피하게 된다.

하지만 영화의 마지막 부분에서 남주는 실패회로를 끊어내고 괴물을 향해 마지막 화살을 쏜다. 그 계기는 아버지와 조카의 죽음, 자신의 가족을 그처럼 처참한 상황으로 몰고 간 괴물에 대한 분노였다. 결국 강박의 틀이란 강박 행동으로 인해 얻어지는 것보다 훨씬 귀한 의지와 목표가 생기면 깨진다.

스스로 만든 틀을 깨기 어렵다면 가까운 사람에게 솔직히 말해보는 것도 좋다. 자신이 강박적인 행동을 할 때마다 바로 잡아달라고 부탁함으로써 자신이 정한 규칙을 어겨도 심각한 일이 생기지 않는다는 것을 반복적으로 인식해야 한다. 예를 들어, 책이 크기별로 책장에 나란히 꽂혀 있어야 안심하는 강박증이 있다면 책이 흐트러진 채로 놔두는 것이다. 정리를 할 수 없으면 처음에는 초조해서 안절부절못하기도 하지만, 딱 3주 정도만 그 상태를 유지하면 조바심도 조금씩 사라진다.

'21일의 법칙'이 있다. 우리의 뇌는 충분히 반복해서 정보를 전달하지 않으면 익숙하게 느끼지 않는다. 특정한 행동이 몸에 익을 때까지 21일간 의식적으로 노력해야 하는데, 21일은 생각이 대뇌피질에서 뇌간까지 내려가는 데 걸리는 최소한의 시간이다. 그동안 같은 행동을 반복하면 어느덧 자연스러운 습관이 된다.

누구에게나 자기 자신과 주변을 통제하고픈 욕구가 있다. 모든 일이 내가 원하는 대로 흘러갔으면 좋겠고, 그렇게 안 되면 괴로움을 느끼기도 한다. 그러나 우리가 생각하는 것처럼 확연한 인과관계를 가지고 일어나는 일은 별로 없다. 내가 애쓴다고 해서 반드시 내가 원하는 결과를 얻을 수 있는 것도 아니다. 우리는 그러한 생각에서 조금은 놓여날 필요가 있다.

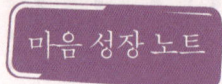

1) 주변에서 강박적 습관을 가진 사람을 본 적이 있는가? 그 사람을 보면 어떤 생각이 드는가?

2) 나만의 틀이 있는지 생각해보고, 무엇인지 적어보자.

3) '절대 ~ 해선 안 돼' → '~ 할 땐 ~ 해선 안 돼' → '~ 할 땐 ~ 할 수도 있어'로 바꾸어보는 연습을 해보자. 예) 절대 화 내선 안 돼 → 어른 앞에서 화 내선 안 돼 → 어른이 비합리적일 땐 화를 낼 수도 있어.

함께 읽으면 좋은 책

『이 사슴은 내 거야!』(올리버 제퍼스 글·그림/주니어김영사)
『아저씨 우산』(사노 요코 글·그림/비룡소)
『백 번째 양 두두』(박준희 글·한담희 그림/책고래)

외모에 대한
조금
다른 생각

외모 콤플렉스

그림책 『짧은 귀 토끼』(다원시 글·탕탕 그림/고래이야기)에는 제목과 같이 짧은 귀를 가진 토끼 동동이가 등장한다. 친구들과 다르게 생긴 귀 때문에 고민인 동동이는 귀가 길어질 만한 온갖 방법을 생각하고 실천하느라 바쁘다. 친구에게 빨래집게로 자신의 귀를 집어 빨랫줄에 매달아달라고 부탁하는가 하면, 물을 주면 자라는 채소처럼 귀가 쑥쑥 자라길 바라며 귀에 물을 주기도 한다. 동동이의 엉뚱한 행동은 보는 이로 하여금 웃음을 자아낸다. 동동이는 매일 귀의 길이를 재고 실망하기를 반복하다가 결국 모자로 귀를 가려버린다. 짧은 귀가 특별하다는 엄마의 칭찬도, 친구 미미의 위로도 동동이에게는 소용이 없다.

어느 날, 동동이가 쓴 모자가 바람에 날아가는 바람에 친구들에게 놀림을 받는다. 동동이는 집으로 돌아와 엉엉 울다가 거울을 본다. 나는 이 장면이 『짧은 귀 토끼』의 핵심이라고 생각한다. 동동이의 짧은 귀가 거울 속 긴 귀와 겹쳐 보이는 모습은 긴 귀를 너무나도 원하는 동동이의 심리를 직관적으로 드러낸다. 동동이의 마음속 욕망을 그림이라는 메타포로 표현한 것이다.

동동이는 긴 귀를 가진 자신의 모습을 수도 없이 떠올려 보았으리라. 이 한 장의 그림으로 독자는 귀가 길어지길 바라는 동동이의 마음이 얼마나 간절한지 느낄 수 있다. 구구절절 글로 설명하는 것보다 훨씬 정확하게, 즉각적으로. 이것이야말로 그림책이 갖는 힘이다.

매일 아침
거울 앞에서 치르는
의식

나는 동동이와 같은 내담자들을 여럿 만났다. 30대 중반인 한 여성은 사춘기 무렵부터 20년 가까이 매일 아침 거울을

나를 더 아끼고 사랑하는 법

『짧은 귀 토끼』
다원시 글 · 탕탕 그림 / 고래이야기

보며 자신만의 의식을 치른다. 두 손으로 양쪽 턱 가장자리를 가리고 얼굴을 이리저리 돌려보는 의식. 누가 봐도 예쁘장했던 그녀에게 각진 턱은 큰 콤플렉스였다. 턱만 아니면 정말 미인이 될 거라는 아쉬움은 거울을 볼 때마다 커져만 갔다.

안면윤곽술을 받기 위해 돈을 모으고 있던 20대 여성 내담자는 항상 사진 속 자신의 얼굴을 갸름하게 보정해서 SNS에 올리곤 했다. 어찌나 감쪽같은지 "벌써 수술을 받았어요?" 하고 내가 물어봤을 정도다. 그녀는 일 년 뒤 열심히 모은 돈을 모두 바쳐 꽤 큰 수술을 감행했다.

요즘은 비단 여성뿐 아니라 남성들 또한 외모에 대한 관심이 지대하여 성형수술이나 시술을 받는 경우가 상당히 많다. 대학 졸업 후 뒤늦게 치아교정을 계획 중이던 남성 내담자는 "제 턱이 앞으로 좀 나와서요….”라는 말을 습관적으로 했다. 턱 때문에 자신감이 떨어지고, 자신감 없는 태도로 인해 면접에서 계속 떨어진다는 게 내담자의 설명이었다.

처음 그 말을 들을 때까지 나는 그의 턱이 나왔다고 생각해본 적이 없다. 솔직히 말하면, 이야기를 듣고 나서도 그의 턱은 도드라져 보이지 않았다. 하지만 그는 유달리 자신의 턱에 집착했다. 취업이 안 되거나 여자 친구가 떠나거나 등등 크고 작은 실패의 원인이 모두 거기에 있다고 생각했다.

"아침에 화장실에서 거울을 볼 때마다 제 턱이 조금씩 더 튀어나오는 것 같아요."

거울 속 자신의 턱을 살피는 내담자의 모습은 거울을 통해 긴 귀를 보는 동동이의 모습과 꼭 닮아 있었다. 그는 귀의 길이를 재고 또 재는 동동이에게 깊이 공감했다.

실은 나도 그랬던 적이 있다. 갓난쟁이 때 녹아내린 코뼈로 안면기형 판정을 받고 콧대 없이 수십 년을 살았으니 어떻게 외모에 신경을 쓰지 않을 수 있었겠는가. 사람은 때로 스스로에게 꼬리표를 붙이곤 한다. 나는 내 코에 기형이라는 꼬리표를 붙였다. 그러자 다른 사람이 뭐라고 하든 내 눈에는 내 코가 날로 확대되어 보였다. 거울을 보면 내 시선은 항상 눈이나 입이 아닌 코를 향했다. 머리카락을 정돈하려고 했어도, 옷매무새를 매만지고자 했어도 거울 앞에 서면 코만 보였다.

특히 어린 시절에는 코를 보며 이런저런 상상을 했다. 커다란 주삿바늘을 찔러 넣어 콧구멍 위를 부풀리면 콧대가 생기지 않을까 하는 생각을 한 적도 있다. 그 후 실제로 필러라는 시술이 생긴 것을 보고 모든 상상을 현실로 구현하는 인간의 기술력에 새삼 놀랐던 기억이 난다.

몇 년 전 코를 재건하는 수술을 한 뒤에야 마음 편히 거울을 보게 되었으니, 나는 외모 콤플렉스로 신음하는 이들을 십분 이해한다. 키나 생김새가 곧 스펙이 되는 외모지상주의는 분명 문제이지만, 외모로 고민하는 이들에게 내면의 아름다움만을 강조하기에는 현실이 녹록하지 않다. 각종 미디어에는 마른 몸매의 미남, 미녀들이 연일 등장하고, 대중은 그런 외모를 선망한다. 직업은 물론이고 아르바이트를 구할 때도 깔끔한 용모나 호감 가는 인상이 플러스 요인이 되는 세상이다. 나는 극심한 취업 경쟁 속에서 면접 성형까지 불사하는 청춘들이 안쓰럽다. 누가 그들에게 '외모에 너무 신경 쓰지 말라'는 말을 함부로 던질 수 있을까.

어느 정도여야
어디서도
기죽지 않을까

내담자들이 성형수술을 하고 싶다고 하면 나는 무조건 반대하지 않는다. 평생 한이 될 만큼 심한 콤플렉스를 해소할 수 있다는 점에서 성형수술은 분명 긍정적인 면이 있다. 나는 코

재건 수술 이후로 내 얼굴에 불만을 가진 적이 없다. 내 얼굴이 흠 잡을 데 없이 예뻐서가 아니라 그저 보통의 코를 갖게 되었기 때문이다. 아무리 마음을 다잡아도 가끔씩 나를 위축시켰던 꼬리표가 떨어진 셈이다. 다만 정말 수술만으로 자신의 콤플렉스가 사라질 것인지는 반드시 따져봐야 한다.

수년 전 상담을 했던 P는 동그란 눈을 갖고 싶다며 쌍꺼풀수술을 했다. 평소 가늘고 작은 눈 때문에 자신의 인상이 사나워 보인다고 입버릇처럼 말했던 이다. 그러나 시원한 눈매를 갖게 된 뒤로도 다섯 차례나 더 수술대에 올랐다. 눈이 커지니 상대적으로 코가 낮아 보이고, 코를 높이니 이번에는 이마가 푹 꺼져 보이더란다. 어떤 상황에서도 P는 자신의 얼굴에서 단점을 찾아냈다. 자신감이 부족했던 탓이다. 얼굴이 못났다는 열등감, 그로 인해 늘 손해를 보고 있다는 피해의식은 반복되는 수술로도 해결되지 않았다. 그녀의 진짜 문제는 외모가 아니라 마음에 있었다.

실제로 '성형 중독' 증상을 보이는 사람들이 꽤 있다. 알코올이나 도박에 중독되듯이 성형에도 중독된다. 이쯤 되면 외모의 문제가 아니라 마음의 문제를 들여다봐야 한다.

동양인들은 흰 피부를 선호해서 미백화장품이 인기를 끄는 데 반해 서양인들은 태닝한 피부색을 아름답다고 여기듯 사실 미의 기준은 지극히 상대적이다. 게다가 아름다움에 대한 열망과 욕심은 한계가 없다. 막연하게 '예뻐지고 싶다'는 생각만으로 성형수술을 꿈꾼다면 그러한 바람이 과연 무엇을 의미하는지 고민해볼 필요가 있다. 단점이 사라지기만 하면 되는가? 아니면 자신감이 넘칠 만한 얼굴을 원하는 것인가? 어느 정도여야 어디에 가도 당당한 미모일까?

거식증에 걸린 사람들은 44사이즈라는 비현실적인 몸매를 가진 모델이야말로 아름다운 여성이라는 신념을 가지고 있다. 자연스레 그들의 머릿속에는 조금이라도 살이 찐 자신은 아름답지 않다는 도식이 자리 잡는다. 보통 날씬한 정도로는 안 된다. 그러다보니 밥을 먹으면 살이 찔까봐 불안하고 죄책감마저 느낀다. 결국 먹고 다시 토해내기를 반복한다.

심리적 구멍이 채워지지 않는다면 외모를 바꾼들 별 소용이 없다. 마음을 치유하는 작업이 먼저인 것이다.

외모가 달라지면
인생이
달라질까

동동이의 이야기로 돌아가 보자. 동동이는 아무리 노력해도 변하지 않는 짧은 귀를 보완하기 위해 결국 기다란 토끼 귀 모양의 빵을 만든다. '토끼 귀' 빵을 머리 위에 붙인 채 자랑스러워하는 것도 잠시, 달콤한 빵 냄새를 맡고 날아온 독수리에게 쫓기게 된다. 동동이는 독수리를 피해 버섯들 사이에 숨는다. 짧고 통통한 동동이의 귀가 마치 버섯갓처럼 보여 독수리는 동동이를 발견하지 못한다. 그토록 싫어했던 귀 덕분에 목숨을 건진 셈이다.

동동이는 '토끼 귀' 빵집을 열어 성공한다. 그리고 더 이상 자기 귀를 늘리려고 애쓰지 않는다. 긴 귀가 없어도 충분히 행복하니까.

외모 콤플렉스는 외모 자체보다 그것을 바라보는 마음에서 비롯된다. 가늘고 작은 눈을 불만스럽게 여기는 사람이 있는가 하면, 자신의 매력 포인트라고 말하는 사람도 있다. 우리는 흔히 외모로 인해 자신감이 없다고 이야기하지만, 반대로 자신감이 없어서 스스로를 못나게 보곤 한다. 자신에게 닥친 문제를 모두 외모 탓으로 돌리는 것은 그 외의 원인을 개선하지 않으려는 가장 손쉬운 방편이기도 하다.

정말 외모만이 문제인 것이라면 미용이나 패션에 더 관심을 갖고 자기만의 매력을 개발하는 등 다양한 해결책이 있다. 누가 봐도 심각한 문제인 경우에는 성형수술이나 시술도 하나의 방편이 될 것이다. 나는 좀 더 멋진 외모를 갖기 위한 노력을 응원한다. 이목구비의 생김에만 집착하는 게 아니라 스스로 한층 괜찮은 사람이 되고자 하는 긍정적이고 적극적인 노력은 누구에게나 필요하다.

세상에는 잘생기거나 예쁘지 않아도 사랑스러운 사람이 많다. 눈에 띄는 얼굴은 아니지만 만날 때마다 환한 미소를 지어 자꾸만 보고 싶은 사람, 키는 작지만 자신에게 어울리는 헤어와 패션으로 기억에 남는 사람, 못났다 싶은 얼굴인데도 여유 넘치는 표정과 태도로 모두의 호감을 사는 사람…. 이는 결코 외모가 뛰어나지 않은 사람을 위로하기 위한 말이 아니다. 외모가 마음가짐에 영향을 미치는 것처럼 마음가짐도 외모에 영향을 미친다. '나이가 들수록 자기 얼굴에 책임을 져야 한다'는 유명한 말이 있지 않은가. 어떤 삶을 살아왔는가는 외면으로 드러난다.

그러므로 외모 때문에 스스로 마음을 갉아먹거나 삶을 비관하지 않았으면 한다. 뛰어난 외모보다 중요한 것은 저마다의 앞에 놓인 삶이기 때문이다. 외모가 아니라 그것을 바라보는 자신의 마음을 바꾸는 일이 더 시급하지 않을까? 얼굴이 바뀐다고 해서 인생이 드라마틱하게 달라지는 경우는 많지 않다. 그러나 마음가짐의 변화는 확실히 인생을 바꾼다.

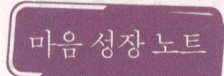

1) 다른 사람에게 외모와 관련해서 지적받은 경험이 있는가. 있다면 그로 인해 자신의 어떤 면이 달라졌는가.

2) '이것'만 아니면 내 인생이 달라졌을 텐데… 하고 생각하는 것이 있는가.

3) 원하는 외모를 갖기 위해 어떤 노력을 해봤는지, 그 결과에 만족하는지, 앞으로 계획이 있다면 무엇인지 적어보자.

함께 읽으면 좋은 책

『또 빨개졌어』(앙토넹 프와레 글·아멜리 그로 그림/길벗어린이)
『루빈스타인은 참 예뻐요』(펩 몬세라트 글·그림/북극곰)
『우리 아빠는 대머리예요』(박현숙 글·박정섭 그림/시공주니어)
『토마토라고 놀리지 마!』(아니크 마송/책읽는곰)

누구도
무릎 꿇어서는
안 된다

열등과 열등감

몇 해 전 특정 지역에 장애인을 위한 특수학교를 설립하는 문제로 지역주민들이 극렬하게 대립하여 논란이 된 적이 있다. 여기에는 생각보다 복잡한 문제가 얽혀 있다. 특수학교 설립을 반대하는 주민들은 집값 하락을 걱정했다. 또한 지역 발전에 보탬이 되는 시설을 유치하겠다는 정치인의 공약이 있었기에 그에 대한 기대감을 갖고 있는 상태였다.

나는 '이미 특수학교가 있으니 이번에는 다른 곳에 지으라'는 그들의 항변을 무작정 비난하고 싶지 않다. 실제로 그곳에는 여러 개의 장애인시설이 있다고 한다. 그러니 자신들이 손해 보고 있다는 억울함과 함께 이익을 챙기고 싶은 심정이 어우러져 있으리라.

딱한 것은 장애아들과 그 부모들이다. 교육기본법 제 12조에 의하면 학생은 진학과 학교 선택에 대해 결정할 권리를 가진다. 또는 헌법 규정에 따라 균등하게 능력에 따라 교육받을 권리를 가진다. 따라서 교육 과정에서의 평등이 보장되어야 하고 타인에 비해 불평등한 대우를 받거나 소외되어서도 안 된다.

장애인이 공부하는 학교는 정당한 권리에 의해 그들에게 주어져야 할 교육시설이지 결코 혐오시설이 아니다. 나는 이 일을 지켜보며 너무나 슬펐다. 나랏일 한다는 분들의 확실하지 않은 약속과 우왕좌왕하는 일처리로 생긴 문제임에도 불구하고 특수학교 설립 관련 토론회에서는 주민들끼리 서로 욕하고 소리쳐야 했다. 무엇보다 그 소란 속에서 단지 장애아의 부모라는 이유로 무릎을 꿇고 사정하는 부모들을 보는 일이 참으로 괴로웠다.

특수학교 설립을 반대하는 이들의 속사정을 떠나 그들이 착각하는 것이 하나 있다. 바로 장애인이 자신들과 전혀 다른 사람, 그중에서도 자신보다 더 못한 열등한 사람이라는 인식이다.

나는 다름과 우열의 기준이 과연 무엇인가 묻고 싶다. 사람은 모두가 각기 다르다. 그런데 누가 어떤 기준으로 사람을 더 뛰어나고 더 부족한 존재로 나눈단 말인가. 집단의 우열을 논하고 각각에 속한 사람들을 평가한다는 것이 어찌 가능한 일인가. 고작 내일의 일도 알 수 없는 게 인생사 아니던가. 만일 어느 날 갑자기 몸이 불편해진 사람이 있다면 그는 오로지 그 이유로 차별과 혐오의 시선을 감내해야 하는 것인가.

OECD 회원국 가운데 관용지수가 최하위 수준이라는 우리나라는 여러 면에서 자신과 다른 사람을 이해하고 배려하는 자세가 부족하다. 다름을 배척하는 경직된 사회는 성공이나 행복을 비롯한 모든 가치의 기준이 획일화되고, 그러다보니 기준을 따르지 않거나 따라가지 못하는 사람을 손가락질한다. 그러니 너도나도 남과 달라지지 않으려고 기를 쓴다. 이런 사회에서는 비단 눈에 보이는 장애를 가진 사람뿐 아니라 모든 사람이 열등감에 빠지기 쉽다. 남들이 말하는 기준에 미치지 못하면 뒤처지고 실패한 사람이 되어버리는 까닭이다.

아들러가 말하는
세 가지
열등의식의 근원

심리학자 알프레드 아들러Alfred Adler는 인간의 열등의식에 세 가지 근원이 있다고 했다. 부모의 과잉보호와 양육 태만, 그리고 기관열등감이다. 기관열등감이란 말 그대로 부모에게서 물려받은 신체에 대한 열등감이다. 기관열등감은 패배의식을 불러일으키며, 장애를 가진 사람들은 이런 감정에 빠지기 쉽다.

아들러 자신도 어릴 때부터 병약했으며 키가 작은 꼽추였기에 기관열등감에 관심이 많았으리라. 그런데 그는 열등과 열등감, 열등감 콤플렉스를 각각 다르게 설명한다. 열등은 신체의 장애 등 무언가가 부족하다는 사실 자체이고, 열등감은 객관적인 사실과 관계없이 자신이 열등하다고 느끼는 주관적인 감정이며, 열등감 콤플렉스는 지나치게 과장된 열등감, 한마디로 비정상적인 열등감이라는 것이다. 열등감 콤플렉스는 우리로 하여금 스스로를 비관하게 하며 삶의 문제를 회피하게 만든다.

열등감으로 인한 콤플렉스는 나에게도 하나의 숙제와 같았다. 남들과 다른 외모와 건강상의 문제 때문에 자신감이 없었고, 친구 한 명 사귀는 것도 내게는 참 어려운 일이었다. 누가 내 얘기를 하지 않아도 내 험담을 하는 건 아닐까 걱정했다. 다른 사람의 시선에 민감해지면서 나의 '부분'이 아닌 나 자체를 열등하게 생각하기도 했다.

때문에 『깃털 없는 기러기 보르카』(존 버닝햄 저/비룡소)는 내담자들뿐 아니라 내게도 뜻깊은 책이다. 주인공인 '보르카'라는 이름의 기러기는 깃털이 하나도 없다. 새에게 깃털이 없다는 사실은 살아 있는 내내 생존의 위협을 받는다는 뜻과도 같다. 안 그래도 서러운데 보르카는 남다른 외모 때문에 따돌림까지 받는다. 보르카의 엄마가 회색 털옷을 짜서 입혀주기도 하지만, 형제들을 비롯한 다른 기러기들은 보르카와 어울리지 않는다. 어린 기러기들이 날기와 헤엄치기를 배우는 동안 보르카는 함께 수업을 받지 못하고 결국 뒤처지게 된다. 엄마의 사랑이 담긴 털옷은 보르카에게 오히려 물속에서 생존을 배우는 데 엄청난 걸림돌이 된다. 겨울이 되고, 따뜻한 곳으로 날아갈 채비를 하느라 분주한 기러기들 틈에서 보르카는 아무런 존재감이 없다. 바쁜 가족들마저 보르카의 존재를 잊어버린다. 키 큰 갈대숲에 숨은 채 하늘로 날아오르는 기러기 떼를 보며 눈물 흘리는 보르카의 모습에 나도 모르게 흐느꼈던 기억이 난다.

혼자 남겨진 보르카가 느꼈을 외로움, 모두에게 외면당했다는 절망감, 그리고 죽음의 공포…. 무엇보다, 보르카는 배우고 싶은 의욕이 있지만 다른 기러기들이 괴롭히는 바람에 날고 헤엄치는 것을 배울 수 없었다. 때문에 날지도 헤엄치지도 못하게 된 보르카의 상황은 우리에게 시사하는 바가 크다. 장애를 가진 보르카가 날기와 헤엄치기라는 기술을 익히지 못

『깃털 없는 기러기 보르카』
존 버닝햄 저/비룡소

해 생존에 불리한 위치에 놓이게 되는 점에서 기러기들의 세계는 인간세계와 같다.

공부를 하고 싶어도 장애가 있다는 이유로 왕복 서너 시간이 걸리는 학교에 갈 수밖에 없는 아이들이 우리 사회에는 수없이 많다. 배움의 기회와 조건마저 비장애아들에 비해 부족하고 열악한 아이들. 기관열등감이 타인의 가혹한 시선 속에서 열등감 콤플렉스가 되어가는 과정, 그리하여 사회에 소속되어 살아가는 일이 더욱 어려워지는 악순환의 현실을 목도할 때마다 가슴이 죄어온다.

다행히 보르카 이야기는 비극으로 치닫지 않는다. 비를 피해 하루를 묵기 위해 올라탄 배에서 파울러라는 개와 매칼리스터 선장, 선장의 친구 프레드를 만난다. 보르카는 배가 목적지로 향하는 동안 그들과 친해진다. 그들은 보르카를 동정하지도, 특별하게 취급하지도 않는다. 다른 이들처럼 보르카 또한 자신의 능력에 맞는 일을 하고, 그 대가로 음식을 받는다. 깃털이 없다고 해서 살 수 없거나 행복할 수 없는 것은 아니라는 사실을 깨달은 셈이다.

배가 런던에 도착한 뒤 매칼리스터 선장은 일 년 내내 온갖 기러기들이 모여 사는 커다란 공원 '큐 가든'으로 보르카를 데려다준다. 런던에 올 때마다 보르카를 꼭 보러 오겠다는 약속도 잊지 않는다.

큐 가든은 다르다는 것이 전혀 문제가 되지 않는 공간이다. 보르카는 그곳에서 퍼디넌드라는 기러기와 친해지고 헤엄치기도 배우며 행복하게 산다. 배에서 만난 친구들, 그리고 그들과 함께한 생활 속에서 열등감을 많이 떨쳐냈기에 해피엔딩이 가능했을 것이다.

현실의 우리에게 큐 가든은 그저 상상 속에서나 존재하는 판타지인 것일까? 이 사회를 큐 가든과 같은 곳으로 만들어갈 만한 성숙함이 우리에게는 정말 없는 것일까?

열등감을
발전의 기회로
삼으려면

열등감은 그것을 가지고 있는 사람이 해결해야 할 과제일 수도 있다. 부분의 문제를 전체로 확장해서는 안 되며, 어떤 부분이 남보다 못하다고 해서 스스로를 열등한 존재로 취급해서도 안 된다. 아들러의 심리학이 우리 사회에서 환영받는 까닭은, 그가 열등감이야말로 자기완성을 위한 원동력이라고 강조했기 때문이다. 시력이 나쁜 사람들은 청력이 뛰어나듯이 열등감과 우월감은 동전의 양면과 같다는 게 그의 설명이다. 아들러 본인 또한 열등감을 에너지 삼아 성장한 케이스다. 열등감 콤플렉스는 극복해야 할 것이지만, 열등감 자체는 부정적인 것이 아니라 발전의 기회라는 그의 철학이 오늘날 열등감에 시달리는 많은 이들에게 힘을 주었다.

하지만 개인의 노력에 더해 사회적 관심도 분명 필요하다. 획일화된 기준을 세우고 그 기준을 강요하며 모든 것을 우등과 열등으로 구분하는 사회에서 안정된 마음으로 살아갈 수 있는 사람이 얼마나 되겠는가.

아들러가 말하는 사회적 관심이란 '다른 사람의 눈으로 보고, 다른 사람의 귀로 듣고, 다른 사람의 마음으로 느끼는 것'을 의미한다. 즉 사회적 관심이란 공감, 타인 지향, 타인과의 동일시를 의미하는 것으로 개인적 이익보다는 사회발전을 위해 타인과 협력하는 것이다. 그에 따르면 인간은 사회적 맥락으로부터 분리될 수 없는 존재이기 때문에 '사회적 관심을 가지려는 경향성'이 개인의 삶의 양식을 형성하게 되며, 이러한 경향성은 타고나기도 하지만 환경에 의해 길러지기도 한다.

그렇다면 타인에게 공감하기를 거부하고 개인적 이익을 최우선시하며 '사회적 관심을 가지려 하지 않는 경향성'은 물질을 중시하는 세상에서 기괴하게 잉태된 감정의 장애다. 어쩌면 그런 경향성을 가진 사람들이야말로 정서장애를 안고 살아가는 게 아닐까 싶다. 공감이 불가능한 사람들에게 한 번만 공감해달라며 무릎 꿇은 장애아 부모들의 곁에 앉아 그 마음을 토닥토닥 만져주고 싶다.

한 가지 희망이 있다면 우리 사회에도 변화의 조짐이 보인다는 사실이다. 아직 한계가 있지만 조금씩이라도 더 나은 방향으로 진보하고 있는 게 사실이다. 타인의 아픔에 공감하고, 더 나은 세상을 만들기 위해 함께 노력하는 공동체 의식이야말로 성숙한 사회를 향한 첫걸음일 것이다. 열등감 따위는 찾아볼 수 없는 유토피아 큐 가든이 현실 세계에서 실현되기를 빌어본다.

1) 스스로 열등하다고 느끼는 부분에 대해 써보자.

2) 열등과 우등을 나누게 된 나만의 기준은 무엇인지 적어보자.

3) 그 기준을 가깝고 신뢰할 수 있는 세 사람에게 말하고 피드백을 적어보자.

함께 읽으면 좋은 책

『뭐 어때』(사토 신 글·돌리 그림/길벗어린이)
『미운 동고비 하야비』(권오준 글·신성희 그림/파란자전거)
『내 꼬리』(조수경 글·그림/한솔수북)

3장

함께여서 더 어렵고, 함께여서 더 쉽다

우리는 저마다
다른 방식으로
말한다

소통의 어려움

내가 운영하는 상담센터 '친정'에 가끔 두 사람이 같이 찾아올 때가 있다. 함께 상담을 받고자 하는 이들은 대개 부부이거나 부모와 자녀 사이다. 젊은 부부, 자녀의 권유로 등 떠밀리듯 방문한 황혼의 부부, 이미 결혼한 딸과 친정엄마 혹은 아버지와 사춘기 아들…. 나이와 관계는 제각각이지만 내담자들은 하나같이 똑같은 말을 한다.

"제 딸은 절대 제 말을 안 들어요!"

"아내와는 도무지 소통이 안 됩니다."

원활하지 않은 의사소통 때문에 갈등을 겪는 이들이 참 많다. 다른 사람 말은 귀담아 듣는데 부모가 입을 열면 짜증부터 내는 자녀, 남편의 말에 대꾸조차 하지 않는 아내, 아내가 하는 말은 전부 잔소리라고 생각하는 남편. 이런저런 하소연을 나는 참 많이 들어왔다.

비단 가족뿐이겠는가. 소통의 부재 혹은 어긋남은 오늘날 서로 다른 계층과 성별, 세대는 물론 정치인과 국민 사이에서도 일어나며 곳곳에서 갈등과 대립을 불러오고 있다. 말은 잘하는데 제대로 소통할 줄 모르는 사람이 많은 탓이다. 무수한 말이 오고가도 정작 뜻이 통하지 않는 까닭은 저마다 의사소통 방식이 다르고, 그 방식이 잘못된 경우도 많기 때문이다.

미국의 심리학자 사티어Virginia Satir는 자신, 타인, 그리고 상황 중 무엇을 중시하고 무시하느냐에 따라 갈등 상황 속 의사소통 유형을 다섯 가지로 나누었다. 그 첫 번째는 회유형이다. 회유형 의사소통을 하는 사람은 자신의 감정은 무시한 채 타인의 의견과 상황만 생각한다. 미안하다는 말을 잘 하고, 상대의 비위를 맞추기 위해 노력하므로 갈등이 무난하게 해결되는 것 같지만 정작 마음속에는 분노가 쌓이게 된다.

비난형은 자신과 상황만 중시하기 때문에 타인을 비난하는 유형이다. 상대가 무슨 말을 하면 그 내용을 생각하기보다 무조건 비난하는 사람이 여기에 속한다. 이런 사람들은 "오늘 다른 때보다 늦었네?"라는 말에 "당신이 그렇게 말하니까 일찍 오기 싫은 거야!"라고 반응한다.

초이성형은 오로지 상황만을 중시하는 타입이다. 언뜻 보면 냉철하게 보일 수 있지만 지나치게 원칙적인 태도를 보임으로써 자신과 타인의 감정은 무시해버린다.

산만형 의사소통을 하는 사람은 재미있게 느껴질 수는 있으나 실은 갈등이 생겼을 때 딴전을 피우며 자신과 타인, 상황 어느 것도 중시하지 않는 의사소통을 한다. 솔직하지 못하고 일관성이 없는 사람들이 많다.

마지막으로 일치형은 자신과 타인, 상황을 모두 중시하는 방식이다. 상황을 고려하고 타인을 배려하면서 자신의 생각을 솔직하게 말하는 사람이 바로 일치형 의사소통을 하는 사람이다.

갈등 상황은 늘 같지 않고 갈등을 겪는 상대방도 달라지는 만큼 모두가 매번 같은 방식으로 의사소통을 하기란 어려울 것이다. 다만 각각의 상황과 타인, 그리고 자신에 대해서 파악하고 그에 맞게 대처하려는 노력은 분명 필요하다.

일은 혼자 다 하면서
좋은 소리도 못 듣는
팀장의 문제점

한 달 전쯤 만난 40대 초반의 내담자 S는 회사를 하루라도 빨리 그만두고 싶다며 고통을 호소했다. 자신의 업무가 너무 과중하다는 것이었다. 직원들이 모두 일에 시달리는 것도 아닌데 유독 그의 업무량만 많다고 하니 나는 그 이유가 궁금했다.

"두 가지 중 하나겠네요. 일을 아주 잘해서든지 아니면 혼자 일을 끌어안고 있든지."

내 말에 그는 후자가 맞다고 단번에 대답했다. 왜 혼자서 많은 일을 하느냐고 묻자 긴 설명이 이어졌다.

그는 팀장을 맡고 있고, 팀원 여러 명과 함께 일하고 있었다. 팀원들은 내담자보다 어리고 경력이 적은 만큼 일하는 속도도 빠르지 않았다. 퇴근시간이 가까워오면 내담자는 팀원들에게 맡은 일을 다 끝냈는지 물었고, 당연히 몇몇은 아직 못 했다고 대답했다.

"그러면 저한테 가져와 보라고 합니다. 일을 제때 마무리하지 못하고 힘들어하니까 제가 나눠서 해주는 거죠. 그러다보니까 매일 늦게까지 야근을 하게 돼요."

그렇다고 해서 내담자에게 고마워하는 직원은 없다고 한다. 자주 일을 도와주었던 직원 한 명은 얼마 전 퇴사를 했다.

"그 사람은 당신을 어떻게 기억할 것 같나요?"

내 질문에 내담자는 조금 망설이더니 "제가 자기를 못 믿는다고 느낀 것 같아요. 무슨 일이든 제가 간섭한다고 생각했겠죠."라고 답했다. 알고 보니 퇴사한 직원은 S 팀장 밑에서 일을 제대로 못 배운다고 생각했던 모양이다. S는 자신이 팀원들을 돕는다고 생각했지만 팀원들의 입장은 달랐다. 일에 빠져 허우적대는 순간에는 지푸라기라도 던져주길 바랐을지 모른다. 하지만 겨우 지푸라기를 잡고 올라온 뒤에는 '이러니 내가 뭘 배울 수 있겠어? 내가 직접 부딪쳐 봐야 하는데…' 하고 생각했던 것이다. 어쩌면 아무것도 던져주지 않기를 바랐는지도 모른다. S 입장에서는 억울하고 어이없을 수도 있으나 그것이 직무 환경에서는 맞는 것일 수 있다.

S는 팀장으로서 해내야 할 일련의 과정을 제대로 해내지 못했다. 팀원들에게 정확하게 지시를 내리고, 팀원들이 내용을 잘 이해했는지 확인하며, 일이 제대로 진행되고 있는지 점검하고, 문제가 생겼을 때 나무란 뒤 다시 방향을 알려주는 역할을 했어야 했다. S는 특히 잘못을 지적하고 바로잡아주는 일을 가장 어려워했다. 그 이유는 첫째, 자기가 직접 해야 일이 빠르게 마무리된다는 믿음. 둘째, 싫은 소리를 잘 못하는 성격. 그리고 직원들 사이에서 잔소리 많은 상사로 찍히기 싫다는, 평판에 대한 욕심 때문이었다.

"어떻게 하는지 꼭 말해줘야 아나요? 우리 땐 다 알아서 했는데…."

내담자가 무심코 던진 이 말에 소통 부재의 원인이 있었다. 그는 직원들이 '알아서' 일을 잘해주길 바랐고, 그렇게 되지 않으니 '내가 하고 말지.'라는 결론을 내렸다. 그 사이에 대화는 없었다. 정말 그렇게 하는 게 옳은 상황인지, 나도 그렇게 하고 싶은 것인지, 상대방도 그것을 원하는지 고려하지도 않았다. 팔을 걷어붙이고 도와주는데도 직원들이 고마워하지 않아 내심 괘씸하게 여기기까지 했다. 그러나 직원들은 그와 생각이 전혀 달랐다.

저 사람이 왜 싫으냐고 묻는다면

나는 S에게 만화가 강풀의 그림책 『안녕, 친구야』를 건네주었다. 이 책에는 한겨울 깊은 밤에 잠이 깬 아이와 집 잃은 아기 고양이가 등장한다. 아이는 함께 고양이의 엄마, 아빠를 찾기 위해 몰래 집을 나선다.

좁은 골목에 들어선 둘은 대문 밑으로 얼굴을 내밀고 있는 커다란 개를 만난다. 고양이를 향해 컹컹 짖어대는 개 때문에 고양이는 도망가 버리고, 고양이를 쫓던 아이는 갑자기 멈

『안녕, 친구야』
강풀 글·그림/웅진주니어

춰 선다. 그러고는 고양이를 데리고 다시 그 개를 찾아가 '이 고양이의 엄마 아빠를 본 적이 있느냐'고 묻는다. 이때 황당해하는 개의 반응이 참 재미있다. 개한테 고양이가 어디 있는지 물어보는 게 어이없다는 식이다.

개는 자기 근처에 고양이가 얼씬도 못 한다고 말한다. 아이가 "왜?" 하고 묻자 고양이한테 늘 으르렁거려서 고양이들이 자기 곁에 오지 않는다고 대답한다. 아이는 다시 한 번 묻는다. 고양이가 왜 싫은지. 개는 잠시 고민하다가 대답한다. 다른 개들도 다 그렇게 하니까 그랬던 거라고.

이 같은 대화는 고양이와 아이가 막다른 골목에서 생쥐를 만났을 때도 계속된다. 아이는 생쥐에게도 아기 고양이의 엄마 아빠를 보았는지 묻고, 생쥐 역시 개가 그랬던 것처럼 "지금 쥐한테 고양이가 어디 있는지 묻는 거야?" 하며 놀란다. 자기 주변엔 고양이가 없으며, 있었다면 자기는 벌써 도망갔을 거라는 생쥐의 말에 아이는 또다시 왜냐고 묻는다. 생쥐는 고양이가 자길 잡아먹을 것이라 믿고 있다. 하지만 아이의 질문을 통해 사실 자신은 고양이한테 물려본 적이 없다는 사실을 깨닫는다. 물린 적은 없지만 그냥 그럴 것 같아서 도망쳤다며 말끝을 흐리는 생쥐. 아이와 고양이는 생쥐를 뒤로 하고 다른 길로 향한다.

둘이 마지막으로 만난 검은 고양이 또한 자신이 왜 다른 고양이들과 싸우고 그들을 내쫓는지 생각해본 적이 없다. 이유도 모른 채 그저 그렇게 해왔을 뿐이다. 검은 고양이는 개, 생쥐와 마찬가지로 아이의 "왜?"라는 물음을 통해 비로소 자신의 행동에 대해 생각하게 된다.

이 책에서 아이가 하는 질문은 상담자가 내담자에게 던지는 발문發問과도 같다. 질문을 듣는 사람이 그에 대답하는 과정에서 스스로 답을 얻게끔 하는 것이다.

개와 생쥐, 검은 고양이는 모두 아이의 질문에 난감해한다. 사실은 그 물음 자체가 그들에게는 불쾌하기도 하다. 개에게 고양이를 보면 왜 짖느냐고 묻는다니, 개 입장에서 그것은 생각해본 적이 없을뿐더러 굳이 생각하고 싶지도 않다.

우리도 살면서 이런 경우를 종종 만난다. "나는 저 사람이 이상하게 싫더라."라는 말에 누군가 "왜?"라고 묻는다면 어떨까? '그냥 싫다는데 뭘 물어봐?'라는 생각이 들지도 모른다. 그러나 객관적 물음은 내가 무심코 뱉은 말과 행동에 대해 깊이 생각하게 만든다. 그 바탕에는 내가 미처 몰랐던 그림자가 있을 수도 있고, 아무런 근거도 없이 편견이 작동했을 수도 있다.

아이가 개, 생쥐, 검은 고양이에게 던지는 질문은 결국 우리에게 던지는 질문이다. "왜 그런 행동을 했어?" "그 사람이 왜 괘씸해?" "그 사람이 왜 그런 말을 했는지는 알아?" 꼬마가 그랬듯 스스로에게 질문을 던지다보면 어느덧 자신의 입장을 정리하고 나아가 객관성을 확보할 수 있다.

여전히
성장이 필요한
어른들에게

내담자 S는 자신의 사고방식과 지레짐작대로 일해 왔다. S는 본인이 일을 도맡아 하는데 고맙다는 소리조차 못 듣는다고 여기고 있지만, 다른 사람들 눈에 S는 직원들을 믿지 못하고 일을 제대로 가르쳐주지 않는 상사였다. 그가 자신의 속마음을 파악하고 직원들과 진솔한 대화를 나누었다면 생기지 않았을 오해다. S가 직원들에게 싫은 소리 하기를 어려워하고, 일을 제때 끝내려는 조급함이 크다는 것을 알았다면 직원들은 그를 조금은 다르게 생각했을 것이다. S 또한 직원들이 바라는 것을 알았더라면 그들에게 더 많은 기회를 주었을 것이다. 그랬다면 이들의 관계는 다른 양상을 띠었으리라.

사람은 제각기 다르다. 그러니 타인을 온전히 이해하기 어렵다. 그럼에도 사람이 사람과 관계를 맺고 살아갈 수 있는 까닭은 소통이 가능하기 때문이다. 누구나 자신을 단번에 바꿀 수는 없다. 모두의 마음에 들도록 생각하고 행동할 수도 없다. 하지만 자신의 생각을 상대에게 전할 수 있으며, 상대의 생각을 들을 수 있다. 말하고자 하는 것을 이야기하고, 상대가 말하고자 하는 것을 들을 때 소통은 시작된다. 그것이 자기와 상대, 상황을 고려한 방식이라면 상대와의 관계는 한결 매끄러워진다.

『안녕, 친구야』의 아기 고양이는 너무 멀리 나온 아이를 걱정하고, 둘은 결국 서로를 격려하며 헤어진다. 집을 찾는 아이는 걸어온 길을 더듬어 되돌아가며 검은 고양이와 생쥐, 개를 다시 만난다. 그들은 아이에게 집으로 돌아가는 방향을 알려준다. 그리고 개는 고양이가 엄마 아빠를 찾았는지 묻는다.

이 책에 나오는 모든 존재는 다른 존재와 부딪히며 자신을 돌아보고 이전과 다르게 소통함으로써 한 뼘 성장한다. 저자는 『안녕, 친구야』가 자신의 아이에게 주는 첫 선물이라고 말했다.

이 책의 이야기는 매일 다양한 사람과 부대끼며 사는 우리 모두를 위한 것이기도 하다. 나는 이 책으로 관계에 상처받고 헤매는 어른들, 몸은 다 자랐지만 '여전히' 성장이 필요한 이들에게 격려를 건네고 싶다.

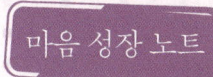

1) 타인과 소통할 때 가장 어렵다고 느끼는 점은 무엇인지 구체적으로 적어보자.

2) 오늘 벌어진 답답했던 장면을 자기- 타인- 상황의 세 경우로 분리해 나누어보자. 즉, 자기의 경우 가)어떤 면이 받아들여지지 않았는지, 나) 그때 어떤 기분이 들었는지, 다)혹시 이 장면과 상관없이 내 안의 무엇인가가 건드려졌는지 등등.

3) 이 글의 고양이처럼 164쪽의 질문을 객관적 관점으로 스스로에게 던져보자.

함께 읽으면 좋은 책

『내 말 좀 들어 주세요, 제발』(하인츠 야니쉬 글·질케 레플러 그림/상상스쿨)
『블루베리 오믈렛』(샤를로트 르메르/주니어RHK)
『높이 뛰어라 생쥐』(존 스텝토 글·그림/다산기획)

세상이 내 존재를
거부하는 것
같을 때

거절불안

대학교를 졸업하고 갓 사회에 나왔을 때, 나는 인간관계에 무척 서툴렀다. 나의 이십대는 그리 생기발랄하지 않았다. 그래도 성격이 경솔하지는 않았는데, 어째서인지 어떤 사람에게 휘둘려 크게 금전적 손실을 보고 말았다.

당시 나는 돈이 아깝다는 생각보다도 '도대체 이 나이 먹도록 뭘 한 걸까?'라는 자괴감에 더욱 힘들었다. 지금이라면 그러지 않겠지만 그때는 어리기도 했거니와 자존감이 높지 않았던 탓에 사건을 있는 그대로 보지 못하고 과잉 해석을 해버렸다. 나중에는 '금전적 손실'이라는 사실보다 스스로를 다그치는 감정이 더 커져 견딜 수가 없었다. 모든 것을 그만두고 그냥 어디론가 사라지고 싶었다.

어느 날 새벽, 얼마 되지 않는 짐을 싸들고 수덕사로 향했다. 수덕사에는 여승만 있다는 얘기를 들은 기억이 나서 수덕사로 발걸음을 옮겼을 것이다. 수덕사의 스님은 세상 다 산 것 같은 표정으로 서 있는 나를 한참 동안 지그시 쳐다보더니 "방은 하루 내줄 테니 묵기나 하고 가게나."라고 하셨다.

나는 별다른 물건이 없는 작고 깨끗한 방으로 들어갔다. 종일 밖에도 나가지 않은 채 거기에 우두커니 앉아 생각을 키웠다. 그 생각이란 곧 두려움이었다. 두려움은 처음에 자그마한 동물 정도의 크기였는데 점점 커지더니 공룡만 해져서는 나를 집어 삼켰다. 누가 붙잡고 있지 않음에도 나는 옴짝달싹하지 못했다.

눈물이 흘렀다. 세상이 두려워 이 방으로 도망쳐 왔는데…. 이곳에 오면 안전할 거라고, 나를 보호할 수 있을 거라고 믿었는데…. 오히려 나는 그곳에서 두려움이라는 괴물에 시달렸던 것이다. '이건 공간의 문제가 아니라 내 생각의 문제구나.' 나는 어렴풋이 깨달았다. 내 머릿속에서 괴물을 내보내지 않으면 어디에 있든 고통스러우리라는 사실을.

그런 와중에 아주 오랜만에 풍경 소리를 들었다. 순간 마음이 한결 편안해졌다. 괴물은 방밖으로 나간 듯했고, 나는 아늑해졌다. 두려움을 쫓을 수 있다면 서울에 있는 내 방도 이처럼 아늑할 수 있겠다는 생각이 들었다. 그렇게 꼬박 하루를 보내고 집으로 돌아갔다.

그때 나를 덮친 두려움의 정체는 세상으로부터 거절당하고 있다는 불안과 좌절이었다. 왜 내게는 태어난 지 얼마 되지도 않아 코뼈가 녹아내리는 불행이 찾아왔을까? 왜 열두 살이라는 어린 나이에 기차에서 떨어져 그토록 큰 아픔을 겪어야 했을까? 왜 이 나이가 됐는데도 내 앞가림을 못할까? 왜 세상은 내게 이런 시련만 주는 것일까? 타인이, 세상이, 운명이 나의 존재를 거절하는 것만 같았다.

수덕사의 그 '하루 일탈'이 안겨준 큰 깨달음 덕에 나중에 여유가 생긴다면 나처럼 집을 나와 갈 길을 몰라 헤매는 많은 사람에게 쉴 곳을 마련해주리라 마음을 먹었다. 그 꿈이 서울 상담센터 '친정'과 가평 우리마을로 실현되고 있다.

자꾸
눈치를 보는 사람의
심리

인간은 원천적으로 유기공포를 안고 태어난다. 어린아이

들은 생존과 정서적 안정을 위해 본능적으로 양육자 곁에 있으려 한다. 무엇이든 눈에 보이지 않는다고 해서 완전히 사라진 게 아님을 아는 나이가 되기 전까지 부모가 안 보이면 불안해하고, 그 이후에도 혹시나 부모에게 버림받는 것은 아닐까 두려워한다. 유기공포가 심하면 버림받지 않고자 하는 방어기제로 자기 욕구를 억누른 채 착한 아이 콤플렉스에 시달리기도 한다.

나 또한 어렸을 때는 안면기형 때문에 부모님이 날 예뻐할 리 없다고 괜스레 우울해하기도 했다. 그 때문인지 상대방에게 거절당할까봐 하고 싶은 말을 못 하고 눈치를 보는 습관이 있다. 지금은 어떤 상황에서든 오롯이 내 편이 되어주는 사람을 만나, 고개를 끄덕이며 내 이야기를 들어주고 내 마음을 알아준다는 것이 이렇게 큰 힘이 되는구나를 실감하고 있다. 그 덕분에 조금씩 놓여나는 중이다.

누구나 나와 같은 근심이 있었을 것이다. 거절을 달갑다 여길 사람이 어디 있겠는가.

서른이 갓 넘은 내담자 Y도 세상이 자신을 거부한다고 느끼는 사람이었다. 그녀는 한 달 동안 아르바이트를 하고 서너 달 동안 칩거하는 생활을 몇 년이나 이어가는 중이었다. 일해서 받은 돈으로 최소한의 먹거리만 사서 석 달을 버티다가 돈이 떨어지면 다시 한 달간 아르바이트를 하는 식이었다. 집에 있는 동안에는 외출을 거의 하지 않는다고 했다. 그런데 나이가 들수록 새로운 일자리를 찾는 게 어려워졌다. 전처럼 한 달짜리 일을 구하기가 여의치 않자 그녀는 조금씩 불안해졌다. 그러던 중 우연히 라디오 방송을 통해 나를 알게 되었고, 상담 센터까지 찾아왔다.

왜 그런 생활 패턴을 갖게 되었느냐고 묻자 Y는 이렇게 답했다.

"한 달 일하는 동안 받은 상처를 3개월 동안 씻고 다시 사회로 나오는 거예요."

시적인 표현이었다. 그녀는 사람들을 대하기가 너무 힘들다고 했다. 어차피 단순 업무 아르바이트 말고는 자신을 받아주는 곳도 없을 거라고 말했다. 나는 그녀에게 그림책 한 권을 건넸다.『그 길에 세발이가 있었지』(야마모토 켄조 글·이세 히데코 그림/봄봄출판사).

『그 길에 세발이가 있었지』
야마모토 켄조 글·이세 히데코 그림/봄봄출판사

이 책의 줄거리는 글쓴이인 야마모토 켄조가 어린 시절 실제로 겪은 일이다. 책에 등장하는 아이는 엄마와 둘이 살다가 엄마가 세상을 떠나자 숙모 집에 맡겨진다. 모두들 아이에게 친절하게 대하고 사촌과 같이 학교에도 다니지만 아이는 늘 혼자이다. 저자는 "나는 내 발끝만 보았어."라는 글로 아이의 쓸쓸함을 설명한다.

숙모네 집이 있는 길에는 '세발이'라고 불리는 개가 산다. 다리가 하나 없어 세발이인 그 개가 언제부터 그 길에 살았는지, 왜 다리를 잃었는지 아는 사람은 아무도 없다. 아마 누구도 관심 갖지 않았을 것이다. 세발이 자신도 신경 쓰지 않는 것처럼 보인다. 세발이는 세 개뿐인 다리로 그 길을 휘젓고 다닌다. 지나가는 사람들에게 명랑하게 꼬리도 흔든다.

어느 날 다른 아이들에게 괴롭힘을 당한 뒤부터 아이는 학교에 가지 않는다. 엄마가 돌아올 것만 같아 하염없이 창밖만 보며 지내던 아이에게 길 건너편에 서 있던 세발이가 꼬리를 흔들고, 얼마 지나지 않아 둘은 가장 친한 사이가 된다. 오직 세발이와 함께 달릴 때만 아이는 세상에서 버려졌다는 슬픔을 잊는다.

아이의 사촌은 엄마에게 아이에 대한 험담을 하며 자기도 학교에 가기 싫다고 한다. 숙모는 "너는 저 아이와 다르다"며 열심히 공부하라는 말뿐이다. 더러운 개랑 아이가 다 사라져버렸으면 좋겠다는 사촌, 아이에게 관심도 없는 숙모의 말을 듣는 아이의 마음은 파랗고 서늘한 이미지로 표현된다. 그것은 상처로 가득한 아이의 마음과도 같다.

눈이 내리는 거리로 나가 보이지 않는 세발이를 애타게 찾는 아이. 아이는 뒷발이 비닐 끈으로 꽁꽁 묶인 채 쓰레기통 아래에서 눈을 뒤집어 쓰고 있는 세발이를 발견하고 품에 안는다. 세발이는 아이가 자신을 구해줄 것이라 믿었다는 듯 초롱초롱한 눈으로 아이를 바라본다. 언제 죽을 뻔했냐는 듯이 다시 건강을 회복한 세발이를 보며 아이는 힘을 얻고, 숙모네 집에서 나가기로 마음먹는다.

아이가 떠나는 날, 세발이는 아이가 탄 차를 쫓는다. 아이와 함께 있을 때 그랬듯 정말 빠르게 차를 뒤따라 달린다. 그리고 자신이 살고 있는 길, 항상 휘젓고 다니던 그 길이 끝나는 곳에서 멈춰 선 채 아이를 바라본다. 크고 어두운 건물들 사이에 세발이가 가만히 서 있는 그림은 언제 봐도 가슴이 먹먹해지는 장면이다.

책의 마지막 장에서, 다 자란 아이는 여전히 혼자이지만 괜찮다고 말한다. 눈을 감으면 그 길이 보이니까 괜찮다고. 세발이가 나를 보고 있으니까 괜찮다고.

나는 지금도 힘이 들 때면 가끔 이 책을 펼친다. 버려지고, 거절당하고, 조롱받고 주저앉았지만 언제까지나 이렇게 살지 않겠다며 세상을 향해 한 걸음 내딛는 아이의 모습이 내게 용기를 주기 때문이다.

> 삶이란
> 내가 직접
> 만들어가는 것

책을 읽고 나서 다시 만난 내담자 Y는 내 앞에서 많이도 울었다. 그녀도 책 속의 아이처럼 너무나 외로웠던 것이다. 나는 그녀에게 이제 그만 무대 위에서 내려오라고 말했다. 그녀는 세상이 무서워 도망치면서도 마치 자기가 만든 연극 무대에서 연기를 하는 것처럼 살았다. 그러나 삶은 연극이 아니라 현실이다. 우리는 연기자가 아닌 제작자가 되어야 한다. 아무도 대본을 건네주지 않는다. 어떻게 해야 할지 귀띔해주지도 않는다. 자기 삶은 자기가 직접 만들어나가는 수밖에 다른 도리가 없다.

그래도 현실에 발을 내딛기가 어렵다면 주변에 누구 한 사람에게라도 부탁을 해보자. 그냥 아무 조건 없이 나를 지지해달라고. 그냥 내 말에 고개를 끄덕여만 달라고. 꼭 가까운 사이가 아니라도 좋다. 너무 힘이 들 때는 지나가는 사람의 따뜻한 한마디 말에도 왈칵 눈물이 나듯 거절이 익숙한 사람에게는 "그래."라는 수락의 말 한마디가 응원이 되니까.

세상이 어느 날 갑자기 호락호락해지진 않을 것이다. 성격이 금세 바뀌기도 어렵고, 마음속 상처가 순식간에 없어지지도 않는다. 하지만 힘든 순간을 이겨낸 경험은 두고두고 간직하게 된다. 그리고 사는 동안 크고 작은 벽에 부딪칠 때마다 다시 일어날 수 있게 해준다. 그림책 속의 아이가 계속해서 혼자임에도 "괜찮다"고 말할 수 있는 이유다.

나는 여전히 거절이 무서워 동굴에 웅크리고 있는 이들을 만난다. 수백 번 자기소개서를 고쳐 쓰다가 취업을 포기한 사람, 최선을 다해 사는데도 얻어지는 게 없는 인생에 환멸을 느낀 사람. 이 세상에 사는 사람 수만큼 무수한 고통이 존재하리라.

작은 창문이 수없이 나 있는 오피스텔 건물과 그 안에 다닥다닥 붙어 있는 문을 볼 때마다 나는 작은 방에 종일 웅크리고 있었던 스무 살 언저리의 나를 상상한다. 얼마나 많은 영혼들이 저 문 뒤에서 불안과 두려움이라는 괴물을 키우고 있을까. 꽉 닫힌 문이 영영 열리지 않을까봐 나는 어쩐지 조마조마하다.

그 문을 누군가 대신 열어줄 수는 없다. 그림책 속의 아이처럼 결국에는 스스로 문을 열고 밖으로 나가야 하는 것이기에 나는 그저 열심히 내 일을 할 뿐이다. 한 명이라도 더 많은 사람에게 세발이처럼 힘을 줄 수 있는 존재가 되기를 기도하면서.

1) 거절당한 경험 때문에 누군가를 먼저 밀어내는 패턴을 가지고 있는가. 이것은 어떤 결과를 초래하는가.

2) 당신이 받아본 가장 따뜻한 위로는 어떤 것이었는가.

3) 책 속의 주인공처럼 의지가 되고 생각나는 세발이와 같은 존재가 있는가. 있다면 그 사람에게 안부 편지를 써보자.

함께 읽으면 좋은 책

『눈사람 아저씨』(레이먼드 브리그스 글·그림/마루벌)
『친절한 행동』(재클린 우드슨 글·E. B. 루이스 그림/북극곰)
『난로 앞에서』(스즈키 마모루/여유당)

누구도 아닌
어제의 나와
경쟁할 것

내 속도대로 살 권리

이솝 우화 '토끼와 거북이'를 모르는 사람은 아마 없을 것이다. 빠르기로 유명한 토끼와 느림보라고 놀림 받는 거북이가 달리기 시합을 하는데, 거북이를 얕본 토끼가 나무 아래서 잠을 자는 사이 거북이가 승리를 차지하게 된다는 내용이다. 이 유명한 이야기의 교훈은 아무리 재주가 좋아도 최선을 다하지 않으면 실패한다는 것, 그리고 능력이 부족할지언정 꾸준히 노력하면 성공할 수 있다는 것이다. 틀린 말은 아니지만, 가끔은 궁

『슈퍼 거북』
유설화 글·그림/책읽는곰

금해진다. 만일 토끼가 방심하지 않았다면 어떻게 되었을까? 한 번 더 시합을 한다면 어떤 결과가 나올까? 그때도 거북이는 토끼보다 빨리 달릴 수 있을까?

여기, 토끼를 이긴 거북이의 뒷이야기를 담은 그림책이 있다. 제목은 『슈퍼 거북』(유설화 글·그림/책읽는곰). 지나친 경쟁 속에서 어느덧 이유도 모른 채 죽어라고 달리고만 있는 내담자들에게 추천하는 책이다.

나는 두 해 전 작은 사업을 하고 있던 N에게 이 책을 처음 건넸다. 그는 무척 성실했고, 3년 여간 고생한 끝에 회사를 어느 정도 안정 궤도에 올려놓았다. 주위에서 대단하다는 칭찬과 찬사가 쏟아졌고, 그의 인간관계는 이전보다 복잡해졌다. 내로라하는 사람들과 어울리면서 N은 자신의 위치가 조금은 달라졌음을 느꼈다. 그런데 사업 확장에 여념이 없었던 그에게 연이어 좋지 않은 일이 닥쳤다. 건강이 나빠졌고, 가족들과는 소원해졌으며, 우울증도 찾아왔다. 엎친 데 덮친 격으로 새로 뛰어든 분야의 일도 원활하게 진행되지 않았다. 나를 찾아왔을 때 그는 마흔이 채 되지 않은 나이였지만 그보다 열 살은 더 들어 보였다. 너무나 지친 표정이었다.

    나는 강의와 상담을 하면서 많은 사람들을 만나왔다. 그 중에는 참 열심히 사는 사람들도 많다. 열심히 산다는 건 좋은 일이다. 문제는 삶의 '주체'는 사라진 채 '열심'만 남는 경우다. 오로지 경쟁에서 살아남아야 한다는 생각에 몰두하다 보니 왜 살아남고자 하는지, 살아남아서 하고 싶은 건 무엇인지는 알지도 못한다. 어떤 사람들은 그런 생각조차 해본 적이 없다고 한다.

    나는 그들을 탓하고 싶지 않다. 옹알이만 해도 다른 아이들에게 뒤처질까 영어 교육이다 수학 교육이다 알아보는 엄마들, 성적이 안 좋은 아이에게는 관심도 없는 학교, 뛰어난 스펙이 아니면 꿈도 꾸지 못하는 취업…. 좁은 땅덩이에서 아등바등하지 않으면 낙오자가 된다는 위기의식이 우리를 치열한 경쟁으로 내몰고 있다. 내가 만난 내담자들은 모두 자라온 대로 살고 있을 뿐이었다. 뒤처지면 끝장이라고 하니까, 돈이 많아야 행복한 거라니까, 먹고사는 게 다 이런 거라고 하니까 그들은 의문을 가지지 않았다. 의문이 생겨도 고민할 시간이 없었다.

나는
어리석은
엄마였다

내가 자녀교육에 관한 강의를 한 지도 벌써 30년이 다 되었다. 처음에는 멋모르고 강의를 했다. 아이 심리, 부모 심리에 대해 내가 배운 대로 이야기했고, 아이를 낳은 뒤에는 스스로 이론과 더불어 실전에도 강하다고 자부하며 지냈다. 아이는 내 기대대로 잘 자라주는 듯했다. 무엇을 시켜도 똘똘하게 잘 해냈다. 뭔가 큰일을 해낼 것만 같았다. 조금씩 조금씩 욕심을 냈다. 하지만 아이가 일곱 살이 되던 해에 스트레스를 이기지 못해 탈모가 생겨 머리카락이 수습할 수 없을 정도로 빠졌다. 아이의 마음속 상처는 영영 아물지 않을 것처럼 컸다.

나는 너무나 심한 죄책감에 시달렸다. 한동안 강의는 물론 아무 일도 할 수 없었다. 모든 일을 작파하고 아이의 마음을 보듬는 데만 주력했다. 한참 시간이 지나 아이와 내 감정이 어느 정도 제자리를 찾은 뒤에야 강의를 다시 시작할 수 있었다. 그 강의에서 나는 처음으로 떨리는 입을 열어 숨기고 싶었던 과오를 고백했다. 그곳에 자리한 부모들이 나와 같은 실수를 반복하지 않길 바라는 간절함 때문이었다.

강의실 안은 온통 눈물바다가 되었다. '너 잘되라고'라는 말을 앞세워 아이에게 버거운 짐을 주었던 나, 그런 나와 비슷한 수많은 부모들로 인해 아이들은 하나같이 즐거움이 아닌 고통 속에서 공부를 한다. 부모들이 그토록 중시하는 자존감은 어디론가 사라지고 아이의 머릿속에는 부모의 기대에 부응해야 한다는 의무감만 남는다.

『슈퍼 거북』에 등장하는 거북이 꾸물이가 그랬다. 토끼와 벌인 경주에서 이긴 꾸물이는 한마디로 '스타'가 된다. 목에 꽃목걸이를 건 채 차 위에서 손을 흔드는 꾸물이와 박수 치며 환호하는 동물들, 그 장면을 촬영하는 취재팀까지, 디테일한 묘사가 가득한 그림은 보는 재미가 있다. 슈퍼 거북의 이야기가 영화화되는가 하면, 동물들은 유행처럼 거북이 등껍질을 메고 꾸물이 흉내를 낸다.

기분이 날아갈 듯 좋았던 꾸물이. 그러나 시간이 지날수록 주눅이 든다. 길을 걸을 때마다 슈퍼 거북이 왜 저렇게 느리냐며 수군대는 소리가 들리고, 자신을 비난하는 낙서까지 발견한 까닭이다. 동물들이 자신에게 실망할까봐 걱정하던 꾸물이는 진짜 '슈퍼' 거북이 되기로 결심한다. "빠르게 살자"라고 쓴 띠를 머리에 두른 채 온갖 책을 뒤져 빨라지는 방법을 찾고, 한시도 훈련을 게을리 하지 않는다. 그 결과, 주위에서 "역시 슈퍼 거북이야!"라며 환호할 만큼 빨라진다.

그런데 꾸물이는 행복하지가 않다. 너무 지쳐서 쉬고 싶을 뿐이다. 볕도 쬐고 꽃도 가꾸며 느긋하게 지내고 싶은 마음이 가득하지만 자신을 향한 기대감 때문에 그럴 수가 없다.

그런 와중에 토끼는 다시 실력을 겨루자며 도전장을 보내온다. 꾸물이의 의사와 상관없이 소문은 제멋대로 퍼지고 꾸물이는 마지못해 경주에 나가기로 한다. 며칠간 잠을 못 이루는 꾸물이의 모습에 왜 내가 다 긴장이 되던지. 경주에서 지면 어쩌나 하는 걱정, 자신이 이길 거라고 믿는 주위의 시선으로 인한 부담이 얼마나 클까?

고된 훈련의 성과인지 시합이 시작되자마자 토끼를 훨씬 앞지른 꾸물이는 중간에서 멈춰 뒤를 돌아본다. 그리고 토끼의 모습이 보이지 않자 바위 그늘에서 잠깐 쉬다가 잠이 들어버린다. 당연히 승리는 토끼 차지다. 이번에는 토끼가 스타로 등극하고 동물들은 "역시 달리기는 토끼"라며 환호한다. 아무에게도 관심 받지 못한 채 터덜터덜 집으로 돌아가는 꾸물이. 그런 꾸물이의 모습은 영 안쓰럽지만 마지막 장에 반전이 있다. 아주 오랜만에 꾸물이는 행복한 표정으로 단잠에 빠진다.

남들의
환호와 부러움은
행복을
안겨주지 못한다

내담자 N은 시합에서 진 뒤에야 비로소 웃을 수 있게 된 꾸물이의 모습에서 안도감을 느꼈다고 말했다. 나는 그에게 자존감을 높이고 자존심은 조금 버릴 것을 당부했다. 자존감은 자신을 존중하는 마음이자 스스로에 대한 믿음이다. 자존감이 높은 사람은 실패해도 다시 일어선다. 어떤 일을 진행할 때 자기가 할 수 있는 것과 없는 것을 구분하는 한편, 할 수 있는 것이라면 뜻한 대로 이루리라는 자신감도 있다.

반면 자존심은 타인에게 존중받고자 하는 마음이다. 자존심이 높은 사람은 종종 자존감이 높은 것처럼 보이기도 하고, 스스로도 자존감이 높다고 착각하기 쉽지만 사실은 오히려 자존감이 낮은 경우가 많다. 자신을 존중하는 마음이 부족하기에 다른 사람의 시선에 민감한 것이다. 낮은 자존감과 부족한 자신감을 들킬까봐 과한 감정으로 포장하다 보니 소위 '자존심을 세우는' 행위가 나온다.

자존심이 강한 사람일수록 자신의 깜냥을 생각하지 않고 일을 벌인다. 자기가 하기 힘든 일, 자신감이 없는 일임에도 남의 눈에 더 잘나가는 것처럼 보여야 하므로 무작정 경쟁에 뛰어들고 과부하가 걸리도록 달리는 것이다. 자신을 위한다면 그렇게 하면 안 되는데, 그런 생각은 할 겨를도 없다. 실패한 뒤에야 내가 왜 그랬을까 후회하곤 한다.

이는 슈퍼 거북 꾸물이가 저지른 실수와 같다. 꾸물이는 토끼를 이김으로 인해서 환호를 받는다. 빨라서 토끼를 이긴 것은 아니었음에도 자기에게 주어진 기대와 찬사, 관심을 잃을까봐 깜냥을 넘어서는 훈련을 하고, 시합에서 질까봐 조바심을 낸다. 그러는 동안 스스로를 놓아버린다.

더 나은 내가 되기 위해 노력하는 행위를 폄하하는 것은 아니다. 다만 그 노력은 정말 스스로를 위한 것이 되어야 한다. 어제보다 더 나아진 자신을 다독이고 스스로를 대견해하며 생활했다면 꾸물이에게 박수를 보내야 할 것이다. 그러나 꾸물이는 천천히 걷고 싶은 자신의 욕구를 외면했고 느린 동물로 태어난 자신의 본성을 잃어버렸다. 본인은 괴로운데 다른 동물들에게 잘 보이려고 죽도록 뛰었다. 그렇게 되면 다른 사람들의 환호와 부러움을 살 수 있을지는 모르지만 절대로 행복해질 수 없다.

나는 N에게 실패가 기회라고 조언했다. 그는 과거 자신의 꿈을 되돌아보았다. 좋아하는 분야의 일을 하고 싶어서, 가족과 조금 더 여유롭게 살고 싶어서 시작한 사업이었다. 막상 잘되고 나니 성공에 도취되어 좋아하지도 않는 분야의 일까지 해보겠노라 나섰던 것이고, 그러는 동안 바쁘다는 핑계로 가족들에게는 소홀했다. N은 초심으로 돌아가려 애썼다. 가족들과도 시간을 많이 보내며 조금씩 관계를 회복하겠다고 다짐했다.

나는 꽤 오래 전부터 책을 통해 사람의 마음을 치유하려는 노력을 해왔다. 때로는 힘이 빠지기도 한다. 책을 읽고 성장하고자 하는 사람도 있지만, 독서마저도 다른 사람에게 보이기 위한 행위로 삼는 사람 또한 많기 때문이다. 마이클 셀던의 『정의란 무엇인가』가 한창 베스트셀러였을 때 기업 임원들 사이에서도 그 책이 무척 많이 팔렸다는 조사 결과가 나왔다. 읽기 쉽지 않은 그 책을 구입한 이유는 '뭔가 있어 보이는 책이라서' 라는 대답이 많았다.

경쟁사회는 우리로 하여금 자꾸 남과 나를 비교하게 한다. 다른 사람보다 더 잘되려고, 다른 사람 눈에 잘 보이려고 하다 보니 많은 사람들이 껍데기뿐인 인생을 산다. 정작 그 인생을 사는 주체인 자기 자신은 소외된 삶. 그러니 잘나간다 한들 허무할 수밖에.

살아가는 동안 수없이 부딪치는 타인을 무시할 수는 없다. 다만 내 인생의 주인공은 나이며, 가장 중요한 것은 나의 만족이자 행복임을 잊어서는 안 되겠다.

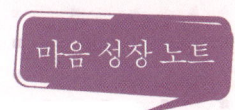

1) 누군가에게 과도한 기대를 받아본 적이 있는가. 그때 기분은 어땠는가.

2) 지금 당신의 머리띠에는 무엇이라 적혀 있는가.

3) 꾸물이처럼 경쟁에서 졌는데도 오히려 맘이 편했던 경험을 생각하며 내게 행복이란 무엇인지 정리해보자.

함께 읽으면 좋은 책

『달팽이 학교』(이정록 글·주리 그림/바우솔)
『난 네가 부러워』(영민글·그림/뜨인돌어린이)
『오 과장 서해 바다 표류기』(김명자 글·장경혜 그림/한겨레아이들)

다들 잘사는 거 같은데
왜 나만
이 모양일까요

타인의 시선

요즘은 텔레비전을 통해서도 좋은 강연을 들을 기회가 많다. 시간과 돈을 따로 투자하고 몸을 움직여야 원하는 강의를 들을 수 있던 때에 비하면 참 좋은 세상이다. 나도 채널을 돌리다가 좋아하는 강연자나 흥미로운 주제의 강연이 나오면 유심히 듣곤 한다.

　언젠가 다중지능에 대한 강연방송을 보았다. 다중지능이론은 심리학자 하워드 가드너Howard Gardner가 창시한 것으로,

IQ 등 기존의 지능지수와 테스트 방식을 비판하고 인간의 지능을 보다 다양한 각도에서 해석한다.

이 이론이 우리 사회에서 이슈가 되고 있는 까닭은 지능의 기준을 학업 수행 능력으로만 평가하는 획일화된 인식과 교육에 대한 문제의식 때문이리라. 실제로 하워드 가드너의 저서 『다중지능』을 번역한 문용린 교수는 공부는 잘하지만 이타심이나 인내심이 부족하다든지 타인의 감정을 헤아리지 못하는 아이들이 너무 많다고 지적한다.

내가 보았던 방송에서도 그런 현상을 엿볼 수 있었다. 강사가 방청석의 한 학생에게 '타인에게 공감하지 못하는 사람에 대해 어떻게 생각하느냐'고 묻자 그 학생은 야무진 말투로 이렇게 말했다.

"못 할 수도 있죠. 그게 큰 문제는 아니지 않나요?"

공감하지 못하는 것이 큰 문제가 아니라는 그 학생의 대답은 우리의 현실을 반영하는 듯하다. 그러나 나의 관심을 끈 장면은 그 부분이 아니었다. 강사가 "그러면 여러분, 다른 사람에게 공감하는 능력도 지능이라는 이야기를 들어봤나요?"라고 말하는 순간, 너무나 당당했던 학생이 민망한 표정으로 고개를 푹 숙였다. 강사의 한마디에 마치 자기가 지능이 낮은 사람처럼 보일까 싶어 순식간에 주눅이 들어 창피해 하는 모습에서 나는 또 다른 우리 사회의 병폐를 보았다. 바로, 남의 시선을 지나치게 의식하는 것이다.

  영화를 아주 좋아하는 제자가 있다. 그는 영화를 보고 나서 SNS에 감상평을 올리기 전에 유명한 평론가의 리뷰를 먼저 살펴보고 올린다고 한다. 혹시 자신의 관점이 영 어긋날까 봐 불안해서 자기 느낌대로 말하지 못한다는 것이다. 영화 감상평 몇 줄 남기는 일조차 남의 눈치를 봐야 할 정도로 우리는 남의 눈을 의식하면서 살고 있다.

서로에 대한
지나친
관심이 병

  남의 시선을 지나치게 의식하게 되는 사회란 한편으로 남에게 지나친 관심을 보이는 사회라는 뜻일 수도 있다. 남에게 과도한 호기심을 갖는 사람이 많은 만큼 그것을 의식하는 사람도 많아지는 셈이다. SNS는 이러한 현상이 적나라하게 드러나는 매체이다. 수많은 사람이 SNS를 통해 자신의 사생활을 드러낸다. 어디에서 무슨 일을 하고 어떤 음식을 먹었으며, 무엇을 느꼈는지 기꺼이 노출한다.

  흔히들 'SNS에는 행복만 있다'고 말한다. 모두가 부러워할 만한 멋진 장소, 맛있는 음식, 예쁜 포즈가 담긴 사진들이 가득하기 때문이다. 다른 사람에게 보이는 공간인 만큼 저마다 자신의 일상을 더욱 아름답게 꾸미고 치장하려 한다. 실상은 울적하고 비참할지라도 그렇게 함으로써 다른 사람의 찬사를 받고자 하며, 그로부터 위로를 받는 것이다. 물론 SNS에 역기능만 있는 것은 아니다. 하지만 무엇이든 지나치면 문제가 된다. 자연스러운 일상을 SNS에 공개하는 것이 아니라 때로는 SNS에 공개하기 위한 일상을 사는 경우도 있다. 분명 그 삶은 자연스럽지 않다.

젊은 세대뿐만 아니라 중년층 중에도 SNS를 통해 공허한 마음을 달래는 이들이 꽤 많다. 나이와 상관없이 이들은 때로 관음증 심리로 다른 사람의 생활을 샅샅이 살피는가 하면, 타인에 대한 과한 간섭이나 흠집 내기로 자신을 과시하기도 한다. 실생활에서 자신을 드러내지 못하고 움츠러드는 사람일수록 더욱 그렇다. 나는 이런 사람들에게 『우당탕탕, 할머니 귀가 커졌어요』(엘리자베드 슈티메르트 글·카롤리네 케르 그림/비룡소)라는 책을 찬찬히 읽어보라고 권하고 싶다.

이 책에는 두 아이가 있는 평범한 가족이 등장한다. 그들은 비좁은 집을 견디지 못해 시골에 있는 더 큰 집으로 이사를 하게 된다. 세상에서 가장 행복한 사람들이 된 것처럼 즐거워하는 이 가족을 못마땅하게 여기는 이가 있었으니, 바로 아래층에 사는 할머니다. 할머니는 매일매일 위층으로 올라와 문을 두드린다. 아이들이 웃거나 뛰거나 울기만 해도 부리나케 뛰어

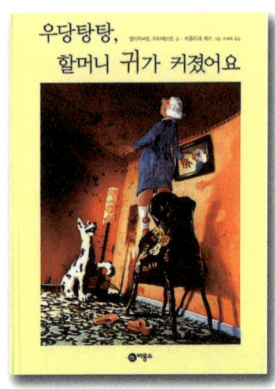

『우당탕탕, 할머니 귀가 커졌어요』
엘리자베드 슈티메르트 글·카롤리네 케르 그림/비룡소

올라와 심하게 잔소리를 해댄다. 빗자루로 천장을 쿡쿡 찌르고 난방기를 두드리는 등 나름의 복수도 감행한다. 위층 가족은 바닥에 카펫을 깔고 크게 웃거나 울 일이 생길 때마다 쿠션으로 입을 막기도 하면서 애를 쓴다. 가족은 점점 웃음을 잃어간다.

어느 날, 화장실 변기 물을 내렸을 뿐인데도 낮잠을 잘 수가 없다며 벌컥 화를 내는 할머니 때문에 엄마는 눈물을 흘린다. "여기는 생쥐가 사는 집이지 사람이 사는 집이 아냐!"라는 엄마의 말에 아이들은 갑자기 생쥐처럼 행동하기 시작하고, 가족의 생활은 엉망이 된다. 아이들은 네 발로 기어 다니고 귓속말로만 이야기를 주고받으며 심지어는 잘 먹지도 않는다. 또한 소리를 내지 않기 위해 손가락만 움직이며 놀고, 바닥에 누워 허공에 발차기를 한다.

그렇다면 아래층 할머니는 평화를 되찾았을까? 전혀 그

렇지 않다. 할머니는 위층에서 아무런 소리도 들리지 않자 우선 병원을 찾아 진찰을 받는다. 귀에는 아무 이상이 없다고 하는데 아무리 귀를 기울여도 역시 아이들 소리는 들리지 않는다. 위층에 무슨 일이 있나 궁금해 별별 생각을 다 하던 할머니는 호기심을 이기지 못하고 천장만 하염없이 바라보다가 가구를 높게 쌓아 천장에 귀를 대본다.

그런데 신기한 일이 생긴다. 할머니의 귀가 점점 커진다. 보는 사람마다 놀라지만 할머니는 이제 소리를 더 잘 들을 수 있지 않을까 기대하기까지 한다. 그러나 위층은 쥐 죽은 듯 조용하다. 할머니는 실망한다. 그럴 만도 하다. 우당탕탕 소리가 나야 잽싸게 올라가 문을 쾅쾅 두드리고 화를 낼 수 있을 텐데 그러지를 못하니 얼마나 좀이 쑤시겠는가.

마침내 할머니의 귀는 바닥에 질질 끌릴 정도로 길어지고 의사는 '못 들어서 생기는 병'이라고 진단을 내린다. 들리지 않는 소리를 들으려고 너무 애를 쓰니 귀가 못 견뎌서 걸리는 병이란다. 위층 가족은 할머니가 시끄러운 소리를 들어야 병이 나을 수 있다는 의사의 편지를 받고 다시 예전처럼 신나게 지낸다. 아이들이 웃고 뛰는 소리에 할머니의 귀도 점점 작아진다. 굳이 귀를 쫑긋 세우지 않아도 소리가 잘 들리니까 말이다. 이제 위층 가족과 아래층 할머니는 만날 때마다 반갑게 인사하는 사이가 된다.

나의 행복을
남에게 확인받고 싶어 하는
심리

『우당탕탕, 할머니 귀가 커졌어요』를 읽은 사람들은 대부분 층간소음 문제를 떠올린다. 타인에게 피해를 주지 않고 이웃 간에 서로를 배려하는 것. 대개 이 그림책에서 이러한 교훈을 끌어낼 것이다. 이런 주제도 중요하지만 이 이야기 속에서 발견할 수 있는 인간 심리는 그 외에도 다양하다.

생쥐처럼 살겠다며 음식을 조금만 먹고 살금살금 기어다니는 위층 아이들의 모습은 타인을 의식한 지나친 반응이다. 위층 가족의 생활은 점점 방어적으로 변해가며 자연스러운 일상과 거리가 멀어진다. 아래층 할머니를 지나치게 의식한 탓이다.

할머니도 위층 가족을 의식한다. 그들의 흠을 잡기 위해 혈안이 되어 있다. 아이들이 시끄럽게 굴어 피해를 입는다고 난리를 피우지만 막상 조용해지자 영 기분이 별로다. 여기에는 양가감정이 있다. 피해를 보기 싫으면서도 한편으로는 시끄러운 소리에 항의함으로써 자신의 존재를 드러내고 싶은 마음이 있는 것이다. 어찌 보면 엄청나게 자라난 할머니의 귀 크기는 소음이 생기는 상황 안으로 다시 들어가고 싶은 욕망의 크기와도 같다.

자신이 원하는 상황이 되었는데 오히려 불안을 느끼는 증상은 중년 여성들의 '빈 둥지 증후군'에서도 발견된다. 성인이 되고 나이를 한참 먹은 뒤에도 집을 떠나지 않는 자녀를 향해 엄마들은 "너 때문에 못 살아!"라고 말하곤 한다. 하지만 정말로 자녀가 독립을 하고 나면 더 이상 자녀를 챙기거나 그 삶에 관여하기 어려워지면서 상실감과 외로움에 우울해진다. 평소 했던 말과 다르게 여전히 밀착된 관계에 대한 욕구가 남아 있기 때문이다.

나는 오랜 시간 상담을 해오면서 우울증을 앓는 사람들을 무척 많이 만났다. 그런데 예전에 비해 요즘 사람들은 자신과 남을 비교하며 울적해하는 일이 잦다. 이를 아들러는 대타적 열등감이라 한다.

"다른 사람들은 다 잘 지내는 것 같은데 왜 저만 이럴까요?"

남들은 취업도 잘하는데, 좋은 곳은 다 다니면서 즐겁게 사는데, 무슨 복인지 남편이나 아내까지 잘 만나는데, 아이를 키우면서 밥도 참 예쁘게 차려 먹던데…. 왜 자기만 사는 게 고달프고 정신없느냐고 그들은 하소연한다. 나는 남들이 그렇게 사는 건 어떻게 알았느냐고 그들에게 되묻는다. 이야기를 들어보면 대개 사진 몇 장을 보았다든지 친구의 자랑이나 소문을 통해 들은 것들이다. 즉 단편적인 정보를 토대로 한 판단일 뿐이다.

"그 사람들의 삶에도 고달픈 일이 분명 있을 거예요."

나는 다른 사람의 화려한 면면을 보고 난 뒤 어쩐지 쓸쓸해지곤 했을 모든 이들에게 이 말을 꼭 해주고 싶다. 특히나 잘 나가는 사람의 블로그나 SNS를 눈이 빠지도록 살펴보며 굳이 상대적 박탈감을 느끼는 사람이 있다면 단 일주일 만이라도 그만둘 것을 권한다. 생각보다 몇 배는 더 홀가분해질 것이다. 남의 삶을 지켜보는 데 그렇게 많은 시간과 노력을 쓸 필요가 없다.

다른 사람에게 보여주기 위한 글과 사진을 올리느라 바쁜 사람도 마찬가지다. 남의 눈을 의식한 삶을 사는 데 시간과 노력을 써보았자 거기에서 오는 기쁨은 오래가지 않는다. 그런 사람들은 도리어 자신의 삶에 충분히 만족하지 못하기에 다른 사람의 입을 통해 자신의 행복을 확인받고 싶어 하는지도 모른다. 그 시간을 본인에게 투자하는 편이 훨씬 이롭다.

외국에 나갈 때 정말 실감이 난다. 자의든 타의든 로밍을 하지 않았을 때 만끽하는 자유! 처음 하루는 미치도록 좀이 쑤실 것이다. 그러나 점차 내 눈과 귀로 들어오는 자연의 모습과 사람 사는 모습, 그것들이 만들어내는 소리가 살아 있음을 느끼게 해준다.

평소에 디지털 다이어트를 시도해볼 필요가 있다. 집으로 들어오면 바로 모든 기기를 일정한 곳에 넣어두고 생활해보기를 바란다. 몇 시간 동안 세상과 연결되지 않아도 아무 일도 일어나지 않는다. 이런 시간을 갖다 보면 분명 엄청난 변화를 느끼게 될 것이다.

 내 인생은 내가 중심이어야 한다. 남을 의식하는 삶이 힘겨운 이유는 아무도 모든 타인을 만족시킬 수 없다는 점에 있다. 남들이 시키는 것, 남들이 원하는 것, 남들이 좋아하는 것이란 시시때때로 변하며, 거기에 맞추어 살기란 불가능하다. 다른 사람에게 휘둘리는 대신 내가 보기에 좋으면 그것으로 됐다는 마음가짐으로 살아보자. 삶의 축이 '남'에서 '나'로 변하는 순간, 요원하기만 했던 행복은 한층 가까워진다. 보고 싶은 것을 보고, 듣고 싶은 것을 듣고, 느끼고 싶은 것을 느낄 때 비로소 우리의 눈과 귀, 마음도 평안해질 것이므로.

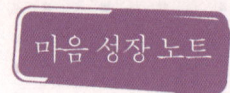

1) SNS를 통해 주기적으로 관찰하는 사람이 있는가. 그 사람의 모습을 보면서 당신이 느끼는 감정은 무엇인가.

2) 남의 시선이 의식되는 점이 있다면 무엇인지 적어보자.

3) 이제는 그 시선에서 자유로울 수 있다고 스스로에게 말해보자. 거울 앞에서 이렇게 말해보자. "이젠, 괜찮아. 난 자유로워."

함께 읽으면 좋은 책

『눈치 보지 마!』(지우시 콰렝기 지음·알렉산드로 산나 그림/춘희네책방)
『폭풍우 치는 밤에』(기무라 유이치 글·아베 히로시 그림/아이세움)
『점』(피터 레이놀즈 글·그림/문학동네어린이)

남과 나를 갉아먹는 감정

미움과 질투

살면서 질투를 한 번도 느껴보지 않은 사람이 과연 있을까? 무인도에서 사는 것이 아니라면 주위에 나보다 잘난 사람, 나보다 더 주목받는 사람이 분명 있을 것이고, 우리는 때로 그런 사람들을 질투한다. 어떤 감정이나 그렇지만 질투 또한 그 정도가 미미할 때는 별 문제가 되지 않는다. 연인 사이에서는 약간의 질투가 서로의 눈에 귀여워 보일 수 있고, 어떤 사람은 질투를 자기 발전을 위한 에너지로 삼기도 한다.

하지만 심한 질투의 결과는 처참하다. 우리는 매일 드라마를 통해 질투가 불러오는 비극을 보고 있지 않은가. 나보다 사랑받는 이복형제, 아들의 마음을 빼앗아간 며느리, 내가 원하는 남자가 사랑하는 여자…. 악역을 맡은 이들은 질투의 대상에게 하나같이 이렇게 말한다.

"네가 나타나기 전엔 모든 게 좋았어! 이게 다 너 때문이야!"

원래 2자 관계일 때는 질투라는 감정이 고개를 들지 않는다. 나와 너, 이렇게 둘만 있을 때 상대에 대해 생기는 부정적 감정은 주로 미움이다. 미움은 상대에게 기대한 바가 충족되지 않거나 상대로부터 내가 거절당했다고 느낄 때 생겨난다. 그런데 나와 너 사이에 다른 사람이 끼면 얘기가 달라진다. 관계의 양상이 달라지고 때로는 나와 너의 친밀도에 균열이 생기기도 한다. 상대가 이전과 같지 않다고 느낄 때, 그 사람에게 준 사랑과 믿음이 원하는 정도로 되돌아오지 않을 때 '나'는 욕구불만 상태가 된다.

싫은 사람은
뭘 해도
밉다

이제 적응기제가 작동할 시간이다. 문제가 일어난 상황에서 갈등이나 욕구불만이 생기면 누구든 그러한 부적응 상태를 벗어나고자 한다. 그 행동 양식을 바로 적응기제라고 한다. 적응기제에는 현실을 왜곡시켜 자신을 보호하려는 방어기제, 당면한 현실에서 도망가려 하는 도피기제, 자신의 욕구 충족을 방해하는 요인을 공격하는 공격기제가 있다.

질투로 인한 적응기제 중 가장 흔히 볼 수 있는 것은 '투사'일 것이다. 투사란 모든 문제의 원인을 타인에게 전가하는 것이다. 사실에 근거하지 않고 무조건 '너 때문'이라고 탓하는 경우다. 예를 들어 아무 잘못도 없는 며느리에게 "우리 아들은 착했는데 너랑 결혼하고 나더니 변했어. 아무래도 집안에 사람이 잘못 들어온 것 같다."고 말하는 시어머니가 있다면 그녀 안에는 투사라는 방어기제가 작동 중인 것이다. 보통의 감정은 '며느리의 잘못 → 며느리가 싫다'와 같은 순서이겠지만, 이런 경우 '며느리가 싫다 → 며느리의 잘못'으로 순서가 뒤바뀐다.

누구나 이 시어머니와 같은 경험을 한다. 싫은 사람은 뭘 해도 밉다. 사실은 내가 그 사람을 싫어하기에 그 사람의 언행이 다 미운 것인데, 자신이 별다른 이유 없이 남을 미워하는 사람임을 인정하고 싶지 않기에 상대에게 책임을 전가하는 셈이다. "네가 그렇게 행동하니까 미운 거잖아!"라고 말이다.

질투의 대상을 미워하는 마음이 커지면 증오가 되고 그것이 공격기제로 이어지기도 한다. '너만 없으면' 너로 인해 달라진 관계가 이전처럼 돌아오고 모든 상황이 좋아질 거라는 믿음으로 '너'라는 방해 요인을 괴롭히는 경우다. 질투로 시작해 분노라는 양념이 더해진 결과는 당연히 참혹하다.

"언니를 이기는 것이
인생의
목표였어요"

사람이 난생처음 질투를 느끼는 순간은 아마 동생이 태어나는 때일 것이다. 엄마와 나, 아빠와 나라는 2자 관계에 갑자기 동생이 끼어드는 순간 아이는 엄청난 공포를 느낀다. 나를 전적으로 사랑하는 존재, 내가 전적으로 의지하는 존재를 빼앗길지 모른다는 두려움에 아이의 무의식은 마구 SOS를 친다. 잘 걷던 아이가 어린 아기처럼 기어 다니기도 하고, 대소변을 가릴 수 있음에도 갑자기 바지에 오줌을 싼다. 동생에게로 쏠리는 엄마 아빠의 관심을 받기 위한 '퇴행'은 동생을 본 수많은 아이에게 나타나는 현상이다.

조금 달라진 게 있다면 그러한 아이를 바라보는 시선과 반응이다. 우리 세대 부모만 하더라도 퇴행을 보이는 아이에게 "애가 왜 갑자기 안 하던 짓을 하고 그러지?" 하고 의아해하거나 "갓난아기도 있는데 너까지 왜 이렇게 사고를 치니?" 하며 윽박지르는 사람들이 많았다. 요즘 부모들은 책은 물론 클릭

한 번이면 각종 육아 지식과 정보를 접하니 퇴행을 보이는 큰 아이를 혼내면 안 된다는 것쯤은 대부분 알고 있다(물론 안다고 해서 쉽게 실천할 수 있는 것은 아니지만!).

동생을 본 아이들이 느끼는 질투라는 감정은 부모가 이해하고 일정 부분 수용해야 한다. 아이가 동생을 괴롭히도록 놔두면 안 되지만, 질투가 생기는 것이 자연스러운 일임을 인정하고 부모의 사랑을 모두 빼앗길 것이라는 아이의 생각이 사실과 다름을 알려줘야 한다. 여전히 아이를 사랑하고 있다는 사실을 보여주어야 한다. "그러면 못 써!"라는 식으로 질투의 감정을 비난하기만 한다면 동생을 향한 아이의 미움은 커져간다. 더불어 부모에게서 좌절된 욕구가 상처로 남는다.

어차피 아이에게는 스스로 질투라는 감정을 거두어들여야 하는 시기가 온다. 형제 순위에 의해, 혹은 훗날 사회에 나가 속하게 되는 인간관계에서도 자신이 포기하거나 양보해야 하는 게 있음을 알게 된다. 하지만 어린 시절의 상처로 인해 마음에 구멍이 생긴 사람에게는 쉬운 일이 아니다. 질투라는 감정을 제대로 해결하지 못하면 나이를 먹은 뒤에도 그로 인해 삶이 송두리째 흔들리곤 한다.

5년 전쯤 상담한 이십대 여성 K는 어릴 적부터 무엇이든 잘해내는 언니를 시기하다 못해 그로 인해 자신의 진로마저 바꿀 정도였다. 그녀의 말에 따르면 부모님은 공부를 잘하는 언니만 예뻐했고, K에게는 별로 관심이 없었다. K는 학창시절 언니보다 좋은 성적을 받기 위해 코피를 흘려가며 공부했고, 실제로 성과도 있었다. 모두가 부러워할 만한 대학에 입학해 부모님도 기뻐하셨다고 한다. 그런데 K는 갑작스레 미대 편입을 선언했다. 언니가 대학원에 가서 디자인을 공부하겠다고 하자, 관심도 없었던 미술을 하겠다고 나선 것이다.

그녀는 언니보다 더 좋은 직장에 다니며 언니보다 더 잘난 남자를 만나 결혼하는 게 목표였다. 부모님 생신날에는 언니보다 더 좋은 선물을 준비했다. 오로지 언니를 이기는 것에만 의미를 두었다. 전혀 자기 인생을 살지 못했다.

질투를 다루는
거의
완벽한 방법

질투로 괴로워하는 사람들에게 내가 반드시 권하는 책이 있다. 코넬리아 스펠만의 『질투가 나는 걸 어떡해!』(보물창고 간)라는 그림책이다. 이 책은 아이의 눈높이에서 질투라는 감정을 솔직하게 풀어내고 그 해결책까지 알려준다.

그림책 속 주인공은 말한다. 엄마가 자기보다 동생을 더 좋아하거나 친구가 다른 친구랑 더 재밌게 노는 것 같을 때, 내가 잘하고 싶은 일을 옆 친구가 먼저 해내거나 모두가 다른 친

『질투가 나는 걸 어떡해!』
코넬리아 스펠만 글·캐시 파킨슨 그림/
마술연필 옮김/보물창고

구에게 집중할 때 질투가 난다고 고백한다. 그리고 실은 질투하고 싶지 않다고 말한다.

이게 비단 아이에게만 해당되는 이야기일까? 절대 그렇지 않다. 어른도 이런 감정을 느낀다. 오히려 아이보다 더욱 격하게 질투한다. 다만, 그렇게 표현하면 안 된다고 생각하기에 누르고 있을 뿐. 그런데 애써 눌러놓은 감정이 뒤틀려 표출되면 더 큰 파장을 불러오게 된다. 차라리 아이처럼 솔직하게 자신의 감정을 털어놓으면 좋으련만, 어른들은 그러고 싶은 마음이 있어도 주저한다. 이때 이 책을 접하면 목에 걸린 가시를 빼냈을 때와 같은 후련함을 느끼게 된다. 이 책은 질투를 "뾰족뾰족하고, 뜨겁고, 지독한 감정"이라고 표현하고 있다. 단순한 듯 분명하게 와 닿는 표현이다.

책에서 제시하는 해법은 다음과 같다. 질투하는 마음에

대해 다른 누군가에게 털어놓는 법, 때로는 상대에게 질투의 대상이 아닌 자신도 봐달라고 청하는 법, 그리고 바로 그 요청이 수행되지 않을 때는 기다려보는 법, 이렇게 세 가지다.

주인공 아이는 엄마에게 자신과 함께 있어 달라 말한다. 가까운 사람에게 자신이 소중한 존재인지 확인하고 싶어 하는 그 마음은 너무나도 솔직한 감정이다. 그리고 그때마다 그 사람이 자신에게 곧바로 집중할 수 없다는 것도 지극히 당연한 현실이다. 주인공 아이가 그러했듯 기다림 속에서 우리는 다른 일, 혹은 자기 자신에게 집중할 수 있다. 그러는 동안 질투는 사라지고 어느덧 다른 사람의 기쁨에 함께 기뻐할 만한 마음의 여유가 생긴다.

이것은 질투를 다루는 거의 완벽한 방법이다. 질투가 나는 자신의 마음을 있는 그대로 인정하는 것이 그 시작이며, 관심 받고 싶은 대상에게 더 많이 신경 써주기를 요청하는 것은 분명 필요한 일이다. 그 요청이 매번 자신이 원하는 만큼 받아들여질 수 없다는 것을 인식하고 질투가 사그라질 때까지 자기 일을 하는 것도 건강한 방식이다.

이 책의 지은이이자 사회복지 전문가인 코넬리아 스펠만은 책 말미에서 당부한다. 질투는 누구나 느끼기 마련이지만 다른 사람을 상처 입히지 않고도 의연하게 대처할 수 있음을 아이들에게 말해주라고.

세상에 태어나 두 발로 서고, 걷고, 말을 시작하듯 사람의 일생에는 각 시기마다 수행해야 할 과제가 있다. 질투와 같은 감정 또한 자라는 과정 속에서 잘 이겨내야 하는 것이다. 성인이 되어가는 동안 갖가지 감정을 성숙하게 다루는 능력을 배워야 함에도 불구하고 우리 사회는 여전히 아이들에게 '질투는 나쁜 감정'이라는 식의 공식만 주입하고 나 몰라라 하는 것은 아닌지 모르겠다. 수많은 아이들이 성적을 높이기 위한 공부만 강요받을 뿐 감정을 처리하는 공부는 제대로 해보지도 못한 채 어른이 된다. 이것이 오늘날 몸만 자란 어른들이 겪는 괴로움의 한 가지 원인이 아닐까.

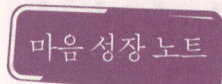
마음 성장 노트

1) 내가 생각하는 질투 감정에 대해 다음 문장을 써보세요.
   '질투는 ─ 하고, ─ 하고, ─ 하는 감정이야.'

2) 당신이 질투한 사람은 당신에게 없는 무엇을 가지고 있었는가.

3) 질투를 극복하기 위해 당신이 선택한 방법은 다음 중 무엇인가. 미워하기, 이기기 위해 노력하기, 포기하기 등등.

함께 읽으면 좋은 책

『나도 아프고 싶어』(프란츠 브란덴베르크 글·알리키 브란덴베르크 그림/시공주니어)
『내 동생』(주동민 글·조은수 그림/창비)
『두발자전거 배우기』(고대영 글·김영진 그림/길벗어린이)

시선을 바꾸면
삶의 풍경이
달라진다

관점의 차이

집단 상담을 할 때 내가 자주 진행하는 프로그램이 있다. 여러 장의 포스트잇에 자신의 문제점을 하나씩 적어 몸에 붙인 다음 서로서로 "당신은 그렇지 않습니다."라는 말을 하며 종이를 떼어내는 활동이다. 내담자들은 이 활동을 통해 위로를 얻는다. 동시에 자존감을 높이는 연습을 하게 된다. 단점이 적힌 종이가 자신에게서 떨어져나가는 것을 눈으로 확인하다 보니 치유 효과는 더 좋아진다. 자신의 마음에서 부정적 감정을 내보내는 시각화 훈련에 도움이 되기 때문이다.

　시각화 훈련이란 쉽게 말해 자신이 바라는 모습이나 꿈꾸는 삶을 마치 그림을 그리듯 마음속에서 구체적으로 떠올리는 것이다. 이 훈련은 심리학을 비롯한 다양한 분야에서 활용되고 있다. 실제로 성공을 거두기까지 시각화 훈련의 힘이 컸음을 고백하는 유명인들이 무척 많다. 심리 치유에 있어서도 마찬가지다. 예를 들어, 말로만 "근심거리를 털어버려"라고 하는 것보다 그 내용을 종이에 적은 다음 있는 힘껏 구겨서 던져버리도록 하는 것이 몇 갑절이나 도움이 된다.

나의 단점이
장점이 되는
기적

　얼마 전 나는 강연에 참석한 사람들에게 자신의 문제점을 포스트잇에 적게 했다. 그리고는 옆 사람의 몸에 붙은 종이를 서로 떼어주는 시간을 가졌다. 활동이 끝나고 소감을 듣는 시간에 누군가 이런 말을 했다.

　"저는 무슨 말을 하든 부연설명이 너무 길어요. 말재주도 없고 간단명료하게 전달하지 못해서 고민이 많았거든요. 그런데 옆에 앉은 분이 상대방을 배려하다 보면 말이 길어지는 거라고 이야기해주셨어요. 상대의 기분을 살피면서 최대한 잘 이야기해주려고 하다 보니 그러는 거라고…."

그녀는 눈물을 글썽였다. 스스로 너무나 부족하고 창피하게 생각하던 부분을 '친절해서 그런 것'이라고 이해해주니 아주 큰 위로가 되더란다.

그녀뿐 아니라 많은 사람들이 비슷한 이야기를 한다. 자신은 큰 문제라고 느껴왔던 단점을 누군가 다른 각도에서 봐주니 힘이 난다는 것이다. '조금만 다르게 생각하면 나의 단점은 장점이 될 수도 있다'라는 생각이야말로 스스로를 초라하게 생각하는 사람들에게 꼭 필요한 인식의 전환이다. 관점을 바꾸면 많은 것이 달라진다.

"사물이나 현상을 관찰할 때, 그 사람이 보고 생각하는 태도나 방향 또는 처지." 국어사전에 나오는 '관점'의 정의는 이와 같다. 사람의 생각이 늘 같지는 않으므로 관점 또한 살면서 변하기 마련이다. 대개는 처지의 변화나 특정 사건을 계기로 관점이 달라진다. 흔한 예로 '둘리보다 고길동이 불쌍해지면 어른이 된 것'이라는 말이 있다. 어릴 때는 엄마를 잃어버리고 온갖 구박을 당하는 둘리가 안쓰럽게 느껴지지만 나이가 들면 자식과 조카는 물론 사고뭉치 군식구들까지 먹여 살리는 고길동에게 연민이 간다는 뜻이다.

언제인가 하이에나가 등장하는 동물 다큐멘터리를 보며

비슷한 생각을 한 적이 있다. 초식동물의 귀염성도, 사자와 같은 맹수의 위엄도 지니지 못한 동물. 늘 다른 동물의 사냥감을 슬금슬금 노리는 비열한 이미지로만 그려지는 하이에나가 그날의 주인공이었다. 새끼들을 낳은 지 얼마 안 된 하이에나는 며칠을 굶어 바싹 마른 상태였다. 얼른 배를 채워 새끼들에게 젖을 먹여야 하는데 초원을 아무리 돌아다녀도 먹을 것이라고는 없었다.

그 장면을 보면서 나도 모르게 하다못해 토끼 한 마리라도 지나갔으면, 하고 바랐다. 하지만 겨우겨우 허기만 채운 어미는 이제나 저제나 엄마를 기다리는 새끼들에게 최대한 빨리 돌아가기 위해 사자의 영역을 지나게 된다. 그 대가로 결국 목숨을 잃었다. 새끼들도 곧 죽게 될 것이라는 내레이션에 어찌나 눈물이 나던지….

하이에나의 삶도, 하이에나에게 먹히는 동물들의 삶도 그저 본능대로 먹고, 살고, 새끼를 돌보기 위한 것임을 어린아이였을 적에는 몰랐다. 그 시절에는 무조건 초식동물이 불쌍하기만 했다면 이제는 육식동물의 사정 또한 다르지 않으며 모든 것이 자연의 순리임을 알게 된 셈이다.

지식과 경험이 쌓이면 시야가 넓어지는 만큼 다양한 관점에서 현상을 볼 수 있게 된다. 그런데 온갖 정보가 넘쳐나고 원하는 정보를 손쉽게 취할 수 있는 이 시대에 오히려 관점이 획일화되고 있음을 느낄 때가 많다. 그 원인을 살펴보기 전에 먼저 그림책 한 권을 소개하고 싶다.

늑대는 못됐고 아기돼지는 가엽다?

『늑대가 들려주는 아기돼지 삼형제 이야기』(존 셰스카 글·레인 스미스 그림/보림)라는 그림책은 제목으로 짐작할 수 있듯 우리가 잘 아는 『아기돼지 삼형제』의 내용을 늑대의 관점에서 풀어낸 것이다. 누구나 알고 있는, 혹은 알고 있다고 생각하는 이야기가 사실이 아닐지도 모른다는 말로 이야기는 시작된다.

책의 화자는 '알'이라고 불리는 늑대다. 알은 늑대가 고약하게 묘사되는 이유가 늑대들이 먹는 음식 때문이라고 짐작한다. 하지만 늑대가 귀엽고 조그만 동물을 먹는 건 단지 그런 것

『늑대가 들려주는 아기돼지 삼형제 이야기』
존 셰스카 글·레인 스미스 그림/보림

을 먹게끔 되어 있어서일 뿐이라고 강조한다. 이어 알은 『아기 돼지 삼형제』의 '리얼 스토리'를 털어놓는다.

아주 오래전, 할머니의 생일케이크를 만들던 알은 설탕이 떨어진 것을 알고 이웃에 사는 돼지에게 설탕을 빌리러 갔다. 지푸라기로 만든 돼지네 집은 너무나 허술해서 노크를 하자마자 문이 떨어져버렸다. 심한 감기에 걸린 알은 안을 들여다보다가 심하게 재채기를 했는데, 집이 폭삭 무너지고 말았다. 짚더미 속에 죽어 있는 돼지를 그냥 지나치지 못했다는 게 알의 항변이다. 맛있는 음식이 눈앞에 있는데 어떻게 내버려둘 수가 있겠느냐는 것이다.

옆집에는 죽은 돼지의 형이 살고 있었는데 나뭇가지로 만들어서 그런지 약하기는 마찬가지였다. 문을 두드리자마자 알의 입에서 또다시 요란한 재채기가 터져 나와 돼지의 집이 날아가 버렸다. 알은 잔해에 파묻혀 죽은 돼지를 어쩔 수 없이(?) 먹어치우고 이번에는 돼지 형제 중 첫째가 살고 있는 벽돌집으로 갔다. 설탕을 빌려보려고 했지만 성질 고약한 돼지는 문전박대를 했다. 게다가 알의 할머니에 대한 악담을 퍼부었다. 알은 할머니를 욕하는 것만은 참을 수가 없었다. 알이 잔뜩 흥분해서 돼지네 문을 부수려고 할 때 하필 경찰이 달려왔단다.

다음 날 신문에는 "아주 못된 늑대"라는 제목과 함께 야단법석을 떨고 있는 알의 사진이 실렸다. 신문기자들은 알이 감기에 걸렸다거나 설탕을 얻으러 왔다는 이야기에는 관심이 없었다. 독자들의 흥미를 끌지 못할 테니까 말이다. 알은 돼지들을 잡아먹기 위해 집을 부순 불한당이 되어 있었다.

이 책은 아이들에게 발상의 전환과 창의적인 사고를 키워주는 일종의 반전 동화다. 주인공 늑대의 천연덕스러운 말솜씨가 매우 재미있으면서도 현실을 날카롭게 풍자하고 있다. 특히 사람들의 주목을 끌기 위해 '팩트'를 무시하고 자극적인 내용을 편집해 만든 신문기사는 오늘날 우리가 자주 목도하는 언론의 맹점이다.

얼마 전 한 걸그룹 멤버가 뉴스의 화제가 되었다. 공연을 위해 이동하는 중에 초등학생 남자아이가 갑자기 튀어나와 그녀의 몸을 만지려고 팔을 뻗었다. 이에 놀란 그녀가 뒤로 물러난 장면이 온라인에 유포된 것이다. 이 영상을 본 이들 사이에 "인성이 보이네…ㅉㅉ" "아이인데 웃어줄 수 없었나" 하는 비난이 거셌다. 갑자기 벌어진 상황에 놀라서 한 행동으로 인해 하루아침에 그녀는 형편없는 인성을 가진 사람으로 전락하고 말았다. 그녀가 그 상황에서 어떤 기분이었을지 관심을 기울이기보다는 그저 눈에 보이는 대로 쉽게 판단하고 평가하고 비난한다.

이런 일이 우리 사회에서 비일비재하게 일어나고 있다. 유명인이든 아니든 온라인에서 화제가 되면 사실 확인 절차도 없이 여기저기 올라오는 글을 그대로 인용해 '이랬다더라' '저랬다더라' 하는 식으로 한쪽 입장만을 전달한다. 여기에 클릭수를 올리려는 여러 매체가 가세하면서 사건은 일파만파로 확산된다. 화제가 되는 뉴스가 뜰 때마다 수많은 사람이 우르르 몰려가 돌팔매질을 하는 바람에 사건의 주인공들은 엄청난 충격을 받았을 것이다.

인터넷이 발달하고 언론 환경이 달라지면서 네티즌은 잘 알지도 못한 채로 '정의의 사도'라도 된 양 비난과 욕설을 퍼부어댄다. 그로 인해 누군가는 오랜 시간 고통스러워할지도 모르는데 말이다.

> 나를 바라보는
> 시각을 바꾸면
> 인생이 달라진다

다른 사람들이 나와 관점이 다를 수 있다는 사실을 고려하지 못하는 이유는 무엇일까. 우선은 획일화된 교육이다. 서술형 문제도 답이 정해져 있고 자신의 생각을 밝히는 논술 시험마저 모범답안을 줄줄 외워야 좋은 점수를 받는 교육 시스템에서 '다른' 생각은 '틀린' 것이다. 조금이라도 틀리지 않으려고 한 가지 답을 줄줄 외우며 자라는 동안 다양하게 사고하는 방법도, 여유도 잊게 된다.

두 번째 이유는 가치의 유행이다. 얼마 전에 왕따를 당하지 않기 위해 화장을 한다는 고등학생 아이와 상담을 한 적이 있다. 반드시 해야 하는 것도 아닌데 화장을 못하거나 안 하면 친구들이 은근히 무시를 한다는 것이다. 아름다움이라는 가치마저 절대적인 것으로 만들어버리는 풍조는 공장에서 찍어낸 듯한 이목구비를 가진 성형미인이 탄생하는 계기가 되었다. 어느 나이면 중형차 이상을 몰아야 하고 유명 브랜드의 아파트에서 살아야 한다는 등의 생각은 어느덧 상식이 되었다. 그에 따라 비슷한 계층의 생활양식은 그대로 복사한 듯 똑같아졌다. 독자적인 가치관이랄 것이 없으니 모두가 좋아하는 것이 좋아 보이고, 그대로 따라 하게 되는 것이다.

마지막 원인은 고립화이다. 피상적인 대화만 오가는 관계에 익숙한 현대인은 타인과 속 깊은 이야기를 나누지 못한다. 따라서 생각을 공유할 수 있는 기회조차 별로 없다. 집단 상담이 끝나고 나면 참 많은 사람들이 "나만 그런 줄 알았어요."라고 말한다. 끝이 보이지 않는 길도 다른 사람과 함께 걸으면 힘이 나는 법이다. 함께 걸으면 즐겁고, 황량하기만 했던 길이 조금은 달라 보이기도 한다. 이는 우리가 세상과 소통해야 하는 이유이자 우리에게 다양한 관점이 필요한 까닭이다. 내가 독서 치유를 선호하는 것도 책이라는 매체가 보다 넓은 시야와 유연한 사고를 돕기 때문이다.

관점이 달라지면 전혀 다른 풍경이 보인다. 누군가에게는 지옥과도 같은 감옥이 누군가에게는 사색의 공간이 되듯이, 어떤 사람은 실패를 '끝'이라고 인식하는 반면 어떤 사람은 성공으로 가는 과정이라고 믿듯이.

본인의 부족한 점을 한탄하지만 말고 이제는 스스로를 관대한 눈으로 바라보자. "나는 이래서 안 돼."라는 말 대신 "나는 이래서 잘 될 거야."라고 되뇌기를 바란다. 이름이 없어도 저마다 아름다운 들꽃을 쳐다보듯 어느 누구보다 자기 자신을 조금 더 너그러운 눈길로 바라보았으면 좋겠다. 내가 나를 괜찮은 사람으로 봐주는 것이 변화의 시작이다.

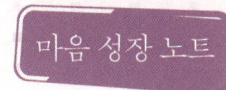

1) '각자의 입장에서는 모두가 옳다'라는 말에 동의하는가.

2) 자기만의 관점 없이 막연히 남이 좋다고 하니까 따라 한 경험이 있는가. 있다면 무엇이 그렇게 하게 만들었는가.

3) 그때로 돌아가서 사건을 다시 정리해보자.

함께 읽으면 좋은 책

『필로니모4 비트겐슈타인』(알리스 브리에르-아케 글·로익 곰 그림/ 노란상상)
『마음 약한 고슴도치』(울리카 케스테레 글·그림/문학과지성사)
『그날, 어둠이 찾아왔어』(레모니 스니켓 글·존 클라센 그림/문학동네어린이)
『색깔 손님』(안트예 담 글·그림/한울림어린이)

가까운 사람과 잘 지내는 법

너와 나의 안전거리

두 사람이 함께 사는 것은
함께여서 더 쉽고
함께여서 더 어렵습니다.

두 사람이 함께 사는 것은
함께여서 더 어렵고
함께여서 더 쉽습니다.

강의 중 결혼에 관한 이야기가 나오면 나는 미혼인 청중에게 이렇게 당부한다.

"제발 부탁이니 결혼 전에 두 눈을 똑바로 뜨고 상대방을 보세요. 그리고 결혼하고 나면 눈을 좀 감으세요!"

실은 당부가 아닌 호소에 가깝다. 내가 말한 것과 정반대로 하는 사람이 너무나 많은 탓이다. 연애는 사랑만으로 될지 모르지만, 결혼은 그렇지 않다. 평생 같이 살 사람은 보고 또 보고, 다시 한 번 봐야 한다. 계산기를 두드리라는 뜻이 아니다. 재산이나 연봉 등의 숫자보다 더 중요한 것은 결혼생활 중에 수없이 생길 내부, 외부의 갈등상황을 같이 이겨낼 수 있는가 따져보는 일이다. 다툰 뒤 화해하는 방식부터 삶의 가치관까지, 먼저 자신을 분석하고 상대방을 파악하는 작업이 필요하다.

결혼은 관계의 완성이 아니라 시작이라고들 한다. 부부는 평생 서로의 다른 점을 이해하고 조율해야 하며, 그럴 의지도 있어야 한다. 그저 좋다고 감정만 앞세워 결혼한 뒤 "이럴 줄 몰랐다"며 하소연하는 이들이 어디 한둘이던가. 심지어 본인은 아이를 원하면서 아이를 낳지 않겠다는 사람과 결혼하는 경우도 있다. "설득하면 될 줄 알았어요. 살다보면 생각이 바뀌지 않을까 했는데…"라는 안이한 말을 하는 사람 앞에서 할 말을 잃었던 기억이 난다.

반면에 결혼을 한 뒤에는 요령껏 눈을 감아야 한다. 사소한 잘못은 때로 덮어주고, 부족한 점은 좀 봐주고, 배우자가 들키기 싫어하는 부분이 있다면 가끔은 못 본 척해주는 것이다. 그런데 대개는 결혼하고 나서야 심봉사가 잃어버린 딸을 만난 듯 갑자기 두 눈이 번쩍 뜨여 배우자를 비롯해 그 집안의 문제들을 속속들이 발견한다. 왜 진즉 몰랐을까 화가 나면서 어쩐지 상대에게 속은 기분이 든다. 결국에는 결혼을 잘못했다는 억울함과 후회로 서로를 원망하기에 이른다. 억울함과 불만족스러움이 차곡차곡 쌓이다 보면 결혼생활은 전쟁이 된다.

결혼을 결정하기 전에
반드시
따져봐야 할 것

2022년 우리나라 혼인 건수 대비 이혼 건수는 2:1이다. 내가 만난 내담자 중에도 이혼을 고민하는 사람들이 참 많았다. 한번은 결혼한 지 석 달밖에 안 됐는데 이혼 위기라며 눈물을 흘리는 여성을 상담하기도 했다. 연애할 때는 사이가 무척 좋았는데 겨우 3개월 만에 남편이 헤어지자는 말을 꺼냈다는 것이다.

이야기를 들어보니 그녀는 결혼 전 남편에게 자신의 본래 모습을 보여준 적이 없었다. 잘 보이고 싶은 마음에 무엇이든 남편의 취향에 맞추었다고 한다. 조용한 말투와 행동, 매번 깔끔한 화장에 머리 모양과 옷차림까지 남편이 좋아하는 대로였다. 며칠에 한 번씩, 몇 시간 동안 만나는 중에는 가능한 일이었으나 결혼하니 사정이 달랐다. 어떻게 사람이 계속해서 타인이 원하는 모습만 보여주며 살 수 있겠나. 출근할 때마다 난장판이 되는 화장대와 옷장, 몇 번의 다툼으로 드러난 거친 말투에 남편은 "당신 정말 내가 알던 사람 맞아?"라고 항의하며 이혼을 선언했다. 아내는 자신의 본모습을 지나치게 숨겼고, 남편은 아내의 웃는 모습만을 전부라고 믿으며 결혼했으니 사달이 난 것도 무리는 아니다.

애초에 잘못된 결혼도 있다. 특히 일부 여성들은 자신의 원 가족으로부터 도피하기 위해 결혼을 택하기도 한다. 이는 순수하지 않은 동기일뿐더러 문제가 생길 소지가 너무나 많다. 원 가족 분석은 결혼 전 '나'를 분석할 때 가장 먼저 해야 할 일 중 하나다. 내 아버지와 어머니가 살아온 환경, 그로 인해 그분들이 갖게 된 가치관, 그리고 그런 분들 밑에서 자라는 동안 내가 힘들었던 점과 힘들 때마다 반복하는 나의 행동 패턴을 알아야 한다. 어떤 말이나 행동이 특히 내게 상처가 되고 위로가 되는지 아는 것과 모르는 것은 상당히 차이가 크다.

예를 들어 부모로부터 충분한 사랑을 받지 못했다고 느끼는 여성이라면 외로움을 많이 타는 만큼 에너지가 넘치고 애정 표현을 많이 하는 남성을 만나는 게 좋다. 물론 애정결핍은 스스로 극복해야 할 문제이지만 과묵한 남성과 살면 정신적으로 더욱 피폐해질 수 있다. 따라서 원 가족으로 인해 고통 받을 때 내가 나를 가늠하지 못한 채 무작정 멀어지는 건 방법이 아니다. 잘못하면 또 다른 불행이 기다리고 있을지 모른다. 원 가족과의 문제를 외면하는 대신 깊이 사유할 때 현명한 결혼을 할 수 있으며, 이는 원 가족과 갈등을 푸는 계기가 될 수도 있다.

가장 가까운 사람이 상처를 준다

내가 결혼을 앞둔 커플을 포함해 주위 사람들에게 강력하게 추천하는 그림책이 한 권 있다. 바로 폴란드의 동화작가 이보나 흐미엘레프스카의 작품 『두 사람』(사계절 간)이다.

표지 그림을 보면 두 얼굴이 마치 동전처럼 서로 다른 방향을 향한 채 붙어 있고 그 아래로 집 한 채가 매달려 있다. 이는 함께 가정을 꾸려가는 부부를 상징하는 듯하지만, 뒤표지에는 제목의 '두 사람'이 반드시 남편과 아내만을 가리키는 것은 아니라고 쓰여 있다. 엄마와 딸, 형제나 남매, 친한 친구일 수도 있는 "세상에서 가장 가까운 어떤 두 사람"의 이야기라고 한다.

『두 사람』
이보나 흐미엘레프스카 지음·이지원 옮김/사계절

    그렇다. 가까운 두 사람이 어디 부부뿐이겠는가. 마음과 달리 상처를 주고받게 되는 모든 '두 사람'들에게 이 책은 차분하게 말을 건다. 책장을 넘길 때마다 두 사람에 관한 짧은 글이 나오고, 그 내용을 한눈에 보여주는 그림이 있다.

    두 사람은 함께여서 쉽기도 하고, 반대로 어렵기도 하다. 열쇠와 자물쇠처럼 서로의 마음을 열 수 있는가 하면, 간혹 열쇠는 사라지고 자물쇠는 꽉 막혀버린다. 두 시계처럼 같은 시간을 견뎌내며 돛과 돛대처럼 힘을 합쳐 바다를 건너지만, 화려한 꽃을 받쳐주는 줄기와 줄기가 없으면 시드는 꽃처럼 공평하지 않아 보이기도 하고 밤과 낮처럼 엇갈릴 수도 있다.

    작가는 두 사람이 함께 사는 일이란 같이 있으면서도 따로 존재하는 것임을 말해준다. 두 사람은 드넓은 바다 위에 떠 있는 두 섬과 같아서 함께 바람에 휩쓸리고 노을에 물들지만 자기만의 화산, 자기만의 폭포와 계곡을 가지고 있다. 또, 한쪽으로 나란히 나 있는 두 개의 창문과 같아 똑같은 것을 볼 수도 있지만 다른 풍경을 보여준다.

나는 이보나 흐미엘레프스카의 이런 표현이 참 좋다. 특히 두 사람을 지붕을 받치는 두 벽에 빗댄 글은 내 시선을 오래도록 붙잡아두었다. 지붕을 받치는 두 벽과 같은 두 사람은 원한다 해도 서로 가까워질 수 없다 한다. 세상에는 삶의 무게를 같이 지탱하다보니, 또 계속 지탱해야 하기에 자신의 자리에서 꼼짝도 하지 못하는 수많은 '두 사람'들이 있을 것이다.

그러나 노란색과 푸른색이 섞여 초록색이 되듯, 남녀가 만나 새 생명을 만들어내듯 두 사람이 함께이기에 일어나는 놀랍고 신비로운 일도 가득하다. 그 어떤 뛰어난 사람이라고 해도 혼자서는 절대 해낼 수 없는 그런 일들이다.

『두 사람』을 읽다보면 나와 상대는 어떤 두 사람인지, 그리고 어떤 두 사람이 되고 싶은지 생각하게 된다. 내가 이 책을 모든 사람들에게 권하고 싶은 이유는 함께하고 있는 혹은 함께하고 싶은 누군가와의 관계에 대해 성찰하고 다짐할 수 있는 기회가 되기 때문이다.

저마다 다르기에 사람과 사람 사이는 좋을 수만은 없다. 무한한 애정을 가지고 있음에도 때로는 미움과 오해, 불신이 생긴다. 부모와 자녀도 마찬가지다. 오히려 가깝기 때문에 소중함을 모르고 예의와 배려를 잊어 자주 상처를 주고받는다. 가까운 사이가 아닌 경우에는 서로 조심하기도 하거니와 심한 말을 주고받은들 내상의 정도가 다르다.

이 때문일까? 점점 더 많은 사람들이 허물없는 인간관계를 원하지 않는 것 같다. 상처 입기 싫어 아예 처음부터 거리를 두는 것이다. 젊은 부부일수록 서로의 가족과 친해지길 꺼리고 "차라리 어느 정도 어색한 사이가 나은 듯해요."라고 이야기한다. 조금 외로워도 번거로운 것이 싫어 결혼하지 않는다는 사람, 친구 없이 혼자 노는 게 가장 편하다는 사람도 있다. 생각보다 많은 사람들이 주위 사람과 크게 다투면 해결의 실마리를 찾기보다는 인연을 끊는 쪽을 택한다. 복잡하게 얽혀서 상처를 주고받느니 차라리 결핍을 감수하겠다고, 너무나 쉽게 말하는 것은 아닌지 걱정이 된다.

소중한 사람과
관계를
회복하고 싶다면

꼬인 매듭을 풀어내는 일은 매듭을 그냥 잘라내는 것보다 훨씬 어렵다. 그래서 나는 배우자나 가족, 친구와의 관계를 회복하고자 상담을 받는 사람들을 볼 때마다 그 노력에 박수를 보내고 싶다. 떠올리기 싫은 기억을 차근차근 더듬어가며 인정하기 싫은 자신의 모습을 마주하고, 상대에게 다시 손을 내밀기 위해서는 엄청난 용기가 필요하다.

내담자 중에 언니와 데면데면한 여성이 있었다. 그녀의 언니는 장남인 오빠와 막내딸인 동생 사이에 낀 둘째여서 그런지 어린 시절부터 부모님이 자신만 소홀히 한다며 사사건건 엇나갔다. 아들이라고 대접만 받은 오빠는 제멋대로 굴었고, 언니도 반항이 심했으니 내담자는 자기라도 부모님 말씀을 잘 들어야 한다는 압박감에 모범생으로 자랐다. 언니에게 둘째 콤플렉스가 있었다면 동생은 착한 아이 콤플렉스에 시달렸던 셈이다.

내담자는 아이를 낳고 보니 자매끼리 친하게 지내는 친구들이 그렇게 부러울 수가 없다며 눈물을 쏟았다.

"육아 고민도 나누고, 아이 데리고 함께 놀러 다니는 게 너무 좋아 보이더라구요."

"본인이 이렇게 아파하며 겪어내고 있는 콤플렉스에 대해서는 언니가 뭐라고 하던가요?"

그녀는 내 질문을 듣고는 적잖이 당황했다. 한 번도 그런 이야기를 언니에게 해본 적이 없다는 것이다. 몇 번의 상담이 끝난 뒤 그녀는 이후의 이야기를 내게 전해주었다. 내담자의 이야기를 들은 언니는 "막내라고 예쁨만 받고 아무 고민도 없이 자란 줄 알았는데 너도 나름의 아픔이 있었구나." 하며 그녀를 위로했다고 한다. 두 사람은 그날 처음으로 함께 공감하며 속 깊은 대화를 나누었다.

나는 상담을 통해 평생 자신을 들볶아온 아버지를 이해하기 시작한 아들을 보았고, 도무지 용서할 수 없었던 엄마를 안쓰러워하게 된 딸을 보았다. 갈라설 뻔했던 부부가 다시 한 번 살아보자 다짐하는 모습을 보았다. 비가 내린 뒤의 땅처럼 아마도 그들은 각자 조금 더 단단해졌을 것이다.

두 사람이 함께 사는 것은 함께여서 더 쉽고 함께여서 더 어렵다. 두 사람이 함께 사는 것은 함께여서 더 어렵고 함께여서 더 쉽다. 『두 사람』의 첫 문장과 끝 문장은 같은 것 같지만 묘하게 다르다. 쉬운 점도, 어려운 점도 분명 있으나 끝내는 어떻게 생각하느냐가 중요한 게 아닐까?

당신과 당신이 아끼는 누군가는 '함께여서 더 쉽다'는 말에 방점을 찍는 '두 사람'이 되기를 기원한다.

1) 누군가와 관계를 단절한 경험이 있는가. 있다면 무엇 때문에 그런 결정을 내렸는가.

2) 나와 가까운 사람과의 관계는 이 책에 나오는 어떤 그림과 가장 비슷한가.

3) 둘이서 어려운 점 세 가지, 둘이서 좋은 점 세 가지를 적어보자.

함께 읽으면 좋은 책

『**누구지?**』(이범재 글·그림/계수나무)
『**미안해 또 미안해**』(이자벨라 팔리아 글·파올로 프로이에티 그림/이야기공간)
『**내겐 너무 컸던 그녀**』(마리옹 파욜 지음/북스토리)

지금 이대로의 나를 사랑하게 되는
그림책 치유 카페
내 마음을 읽어주는 그림책

초판 1쇄 발행 2018년 1월 2일
초판 6쇄 발행 2022년 5월 27일
개정판 1쇄 발행 2023년 10월 17일

지은이 김영아
펴낸이 문채원
편집 이은미
진행 서주희
디자인 김은희

펴낸곳 도서출판 사우
출판 등록 제 2014-000017호
전화 02-2642-6420
팩스 0504-156-6085
전자우편 sawoopub@gmail.com

ISBN 979-11-87332-90-9 03180

값은 뒤표지에 적혀 있습니다. 잘못 만든 책은 서점에서 바꾸어 드립니다.
이 책은 저작권법에 따라 보호받는 저작물이므로 무단전재와 무단복제를 금합니다.